¿Otra vez el corazón herido?
(Manual para curar una pena de amor)

Giuseppe Badaracco

¿Otra vez el corazón herido?

Segunda Edición
Año 2015

(Manual para curar una pena de amor)

Instituto Badaracco

Colección Instituto Badaracco

Roma Badaracco, Jose Antonio
Otra vez el corazón herido: manual para curar una pena de amor/Jose Antonio Roma Badaracco; Giuseppe Badaracco; editado por Jose Antonio Roma Badaracco.-2a ed. revisada.- Corrientes: Jose Antonio Roma Badaracco, 2015.
176 p. ; 21 x 14 cm.-(Colección Instituto Badaracco/Roma Badaracco, Jose Antonio; Psicología Transpersonal;1)

ISBN 978-987-33-8361-8

1.Psicología Transpersonal.2.Psicoterapia transpersonal.3.Psicología.I.Roma Badaracco, Jose Antonio, ed. II.Título.
CDD 150

Título original: Otra vez el corazón herido
Año de esta publicación: 2015

Colección Instituto Badaracco
Serie: Psicología Transpersonal - Título N° 01

A ese maravilloso grupo de amigos,
que con infinita paciencia
me enseñó que es posible ser quien soy y ser feliz...
A Danilo, Diego, Leo y Sam
por sostenerme en los momentos difíciles.
A Nachito, que de repente decidió cambiar de mundo
y pese al dolor desgarrador
me ha dado fuerzas para continuar.
A Tomás, por enseñarme –desde sus quince años–
una lección de vida.

PROLOGO

Por LEDA GARCIA PEREZ

Giuseppe Badaracco nos obliga a detenernos en medio de tanta prisa para evaluar el más antiguo y fecundo de los sentimientos: AMOR, quizás el suyo, acaso el mío, acaso el de todos...

Lo cierto es que su obra nos ofrece la oportunidad de desnudarnos ante el espejo personal y ya sin máscaras, decidir cómo queremos vivir el que tenemos y cómo podremos vivir sin el que perdimos.

¿Qué es el amor? ¿Cuándo el amor no es amor? ¿Por qué si es amor nos duele? ¿Cómo superar el dolor? ¿Cómo enterrarlo? ¿Y la nostalgia?, ¿y la soledad? Y... Exacto amigo lector, usted y sólo usted tiene la respuesta, pero este libro que no ofrece recetas sino una guía para entender desde muy adentro aquello que nos conmueve hasta mas allá de nosotros mismos, le ayudará a emprender el camino hacia ese cambio necesario e imprescindible.

Sin lugar a dudas, el amplio recorrido que a través de las distintas doctrinas que existen sobre el amor ha realizado Giuseppe, nos facilita su comprensión, que es lo mismo que decir la comprensión del comportamiento humano que a veces se empeña en parecer irracional, cruel y hasta insensible. Sin embargo, el autor concluye su estudio desgarrando los sentidos con golpes maestros para obligarnos a la reflexión y nos regala esa linterna mental que romperá la oscuridad producida por la dualidad: AMOR-

DOLOR y viceversa; nos obliga también a desprendernos del concepto equivocado de eternidad que nos han inculcado para iniciar el rito diario hacia lo temporal. Así, ayer se fue, mañana no existe, vivamos hoy, amemos hoy, compartamos hoy, comuniquemos hoy.

El amor, según su perspectiva, antecede al nacimiento mismo y se promueve en todas las doctrinas, religiosas o no, con cambios de concepto que a tenor de cada época introdujo diferencias notables en su comportamiento pero no en su esencia que es inmutable.

Amar y ser amado, solo dejarse amar, sacrificar al ser amado, sacrificarme yo, éstos y otros paradigmas encuentran su respuesta en este excelente trabajo que nos atrapa en cada uno de sus capítulos magistralmente entrelazados para engrillarnos junto a la pregunta-respuesta y por ende, rumbo al éxito, entendiendo por éste, la decisión de dejar de preguntarnos por qué y sustituirla con el para qué.

Confieso que al igual que Giuseppe, sé lagrimear con la sonrisa al viento y a veces, cuando la nostalgia se agolpa en mis almohadas, he querido morir pensando que después de amar como solo yo pude y nadie mas, la vida era una gota innecesaria en mi mar de arbitrariedades, después, cuando el sueño venció en mis batallas, desperté frente a ese mismo espejo que Ud. tiene entre manos y aprendí que después de la lágrima nace la sonrisa y viceversa y que OTRA VEZ EL CORAZON HERIDO está diseñado para autosuturarse las heridas Y SOBREVIVIR.

(La Lic. Leda García Pérez es abogada, comunicadora, actriz, productora de radio y televisión, notable escritora costarricense. Autora, entre otros libros, de "Conmigo al desnudo", "Memoria infiel", "Poemas inevitables"; cofundadora de la Federación de Escritores de Centro América, integrante del Círculo de Escritores Costarricenses y corresponsal de la Asociación Prometeo de Poesía de España.)

PREFACIO

Por SERGIO SINAY

Encontré una obra de profunda sensibilidad, con una sutil integración de las dos vertientes de las cuales se enriquecen los estudios sobre temas que hacen a los vínculos humanos.

Uno de ellos es el conciente y lúcido rastreo en lo que se ha investigado y trabajado sobre el tema. No se trata de una simple acumulación de información, sino de una rica complementación temática.

Y, por otro lado, la fuente acaso más rica e irremplazable, como es la propia experiencia del autor, el testimonio de su tránsito existencial. Lo vivencial vibra en el libro y le da una tonalidad a la vez subjetiva y comprometida que es esencial para que el lector no sólo sea observador sino un protagonista identificado.

No se trata de una combinación habitual ni fácil y hay que celebrarla.

(Sergio Sinay es un reconocido especialista, consultor e investigador de los vínculos humanos. Su pensamiento indaga en la pareja, la psicología del varón, los lazos entre padres e hijos, las relaciones interpersonales, así como los paradigmas, tendencias y valores de nuestra cultura. Tras una destacada trayectoria como periodista en importantes medios de Argentina y el exterior, tuvo una intensa formación y práctica en Gestalt y autoasistencia psicológica).

Introducción

Uno se cansa a veces de repetir las mismas historias con diferentes rostros. La misma puesta en escena con distintos personajes. Peor aún si la historia va y viene alrededor nuestro con el mismo protagonista.

Uno se cansa a veces de sufrir, de hojalatearse el alma -como dicen los españoles- por situaciones que ¿podrían haberse evitado?, ¿podrían haber tenido otro sentido? Y en medio de la terrible vorágine a la que la vida vuelve a someternos se encuentra nuevamente juntando lo que queda de su corazón con una cucharita.

¿Por qué no aprendemos la lección de una vez por todas? ¿Por qué dejamos una y otra vez que la situación gane el partido? ¿Qué es lo que contribuye a agudizar cada día más nuestra neurosis? ¿No habrá alguna manera de escaparle a tanto sufrimiento psíquico?

Al igual que quizá muchos de ustedes, yo he subido y bajado varias veces por la escala que conduce a ese camino. He comenzado con muchas ilusiones una relación que prometía ser especial (¡ésta vez sí encontré el amor de mi vida, estoy seguro!) y al cabo de algún tiempo volvía a estar inmerso en una pesadilla que nada tenía que ver con el cuento de hadas que me contaban mis padres en la cuna.

¿No era acaso que el príncipe se casaba con su princesa, que comían perdices y vivían su amor para el resto de la vida? Allí, justamente allí, cuando se inicia la mejor parte, allí termina el cuento. El colorín-colorado nos posibilita imaginar muchos finales diferentes para esa historia. Pero, ¿por qué no podemos vivir dentro de un cuento? Simplemente por una razón: no somos personajes de fantasía. Somos seres humanos, tenemos cuerpo, mente y espíritu. Y nos unimos a otros seres humanos que, por gracia o por desgracia, también tienen cuerpo, mente y espíritu.

Y tener esos tres elementos a su vez diversifica mucho más la cosa y puede ser visto como una bendición o una maldición según como se los utilice. Según el grado de interés que cada uno haya tenido para cultivarlos. Según la aceptación que el otro haga del resultado de ese cultivo.

Por eso, si este libro llegó a tus manos —seguramente te identificaste con su título- y estás atravesando una crisis parecida, vas a tener que comenzar por realizar algunas cosas si quieres salir a flote del asunto.

Inicialmente tendrás que reconocerle a la psicología, a la lógica y a la metafísica algunas de sus virtudes. Hacer una introspección sincera y *darte cuenta* que el tiempo que demores en ponerle fin a tus lágrimas es el tiempo que demorará en llegar la paz a tu vida. Y la paz suele ser la antesala de la nueva felicidad.

Vas a tener que tener paciencia en ese intento. ¡Siempre se tiene todo el tiempo del mundo! No lo olvides. Sobretodo cuando se trata de curar la propia alma. Y no esperar resultados mágicos o milagrosos que en lugar de ayudarte solamente oficiarían de pantalla para negar lo que te pasa.

¿Darte tiempo para sufrir es lo que te propongo? En un primer momento sí, aunque me odies. Si me odias, es tu problema, ¿o acaso te mandé yo que te sumerjas en ese callejón sin salida en el que te encuentras? Puedes odiarme si quieres, pero luego querrás escucharme.

Muchas veces anhelamos una pócima mágica (algunas veces incluso vamos detrás de prometedores de resultados inmediatos y pagamos por ella) para quitarnos una de las etapas fundamentales de todo ciclo: la muerte.

No queremos convivir con la muerte porque tiene mala propaganda, aunque se trate de la muerte de un familiar, de una mascota, de una amistad o del amor de nuestra vida. Y la etapa del duelo es tan necesaria en este proceso de cicatrizar las heridas afectivas que resulta imposible pensar que alguien puede volver a ser feliz si no la atraviesa.

¡El amor tiene sus leyes y las obliga a cumplir! ¿Lo sabías? ¿Te enseñaron acaso algo semejante en la escuela? No, ¿verdad? La educación que recibimos no nos capacita para ser felices. Tenemos academias para casi todo, para aprender deportes, idioma, computación, técnicas de las más insólitas, tanto orientales como occidentales. Pero no tenemos una Escuela de la Felicidad pública, libre y gratuita. Y deberíamos tenerla. Porque acaso ¿no es el amor la medicina que va a salvar el mundo? ¿No es lo que proponen a viva voz estadistas, políticos, filósofos y religiosos?

Esta reflexión al menos te va a tranquilizar un poco. Sí, no es tu culpa. No es tu culpa que no hayas podido ser feliz si no te enseñaron como hacerlo. Y quitarse la culpa de esa situación ya es otro importante paso en este proyecto. Nunca es tu culpa, nunca al menos la culpa es solamente tuya. Si hay algo de culpa ten certeza que es compartida. Pero niego la culpa porque tampoco el otro la tiene. El otro tampoco aprendió a querer *como se aprende la más descomunal de las lecciones*[1]. Al otro tampoco le enseñaron.

Para eso está escrito este libro. Para que ahora los que lo lean sí aprendan. Y lo difundan al mundo lo más que puedan, y lo hagan circular entre tantas manos encuentren, pues todas lo necesitan. Es el eslabón inicial que va a fundar al fin la Escuela de la Felicidad.

Por eso, ¡alerta! A partir de ahora, si hay desobediencia comenzará a haber culpa. No digas que no se te avisó. Estás muy a tiempo de detener la lectura. No vaya a ser cosa que luego te sientas culpable. Pero, si no lo lees, ¿sabrás como superar una pena de amor? ¿Y si la cosa no es tan difícil como parece? ¿Y si encima es salu-

---

[1] María Cristina Perkins. "La lección". En *Poemas del Hallazgo* (1972), Casa Impresora Francisco A. Colombo, Buenos Aires, Argentina.

dable y da resultado? ¿Y si por fin dejas de sentir ese nudo en la garganta que no te permite respirar?

Es el riesgo... Y como todo tiene condiciones en esta vida, la que yo como su autor te impongo es ésta: si lees mi libro debes hacerle caso en todo lo que te enseñe, aunque te parezca una zoncería. A veces no empleamos algunas técnicas muy útiles por considerarlas demasiado sencillas, las desestimamos sin ponernos a pensar que operan en diferentes planos de conciencia. Y no creas que todo lo que parece simple es poco valioso.

Te hago una pregunta: ¿te parece muy difícil soplar? Sí, dar un soplido con la boca... No parece serlo tanto, ¿verdad? ¿Y si es cierto que Dios creó al hombre de un soplido? ¿Ese acto tan simple no sirvió para producir una obra mayor?

Ya sé lo que puedes llegar a decirme, que no tienes fe en Dios. O que hace largo rato que no quieres oír hablar de ideas religiosas. Bueno, quitemos entonces a Dios del medio. Vuelvo a preguntarte lo mismo: ¿te parece muy difícil soplar?

¿Has pensado que tu soplido puede –por ejemplo- hacer volar una hoja de papel, y que esa hoja de papel podría tener inscripta una frase de amor que llega en el momento exacto a quien la necesite? ¿O que acaso podrías soplar desde lo alto de un edificio, y en tu soplido echar a volar miles de billetes que irían a parar a manos necesitadas que sin lugar a dudas te lo agradecerían? O qué se yo, cuántas cosas más podrías hacer con la fuerza de ese solo soplido. De eso tan simple que es soplar.

¿Entiendes lo que te digo? A veces las técnicas que nos parecen demasiado sencillas las dejamos a un lado, las damos por sobreentendidas y pueden ser la clave de nuestra felicidad, y de la de los demás.

Por eso, si vas a leer mi libro vas a proponerte seguir sus indicaciones. Es la única condición que te pongo para continuar su lectura. Las ideas que desde siempre desarrolló la metafísica las presento bajo el abordaje de la psicología transpersonal para que las uses a tu antojo. Por si te sirven de algo en el camino en que ahora te encuentras que es superar el mal trance. La metafísica dice *no creas en mí, pruébalo*. Hazle caso. Recién entonces podrás reprocharme o agradecerme. Y podrás decirme escribe otro o abandona para siempre la tarea. También podrás decirme bueno... al menos valió tu intento o tu pluma es divertida o me aburres che... Pero léelo y aplícalo. O regálaselo a otra persona más valiente que tú que se anime al desafío. Además, ya que has pagado algunos pesos por él, ¿no vale la pena al menos?

¿Quieres saber qué me impulsó a escribirlo? Una tarde volvía de visitar unos amigos que viven en el interior de Misiones cuando al abrir mi casilla de correo encuentro un e-mail de un adolescente de quince años. Se lo enviaba a varios de sus amigos y por esas cosas del ¿sincrodestino? vino a parar entre mi correspondencia.

Decía textualmente lo siguiente:

Esto que escribo es para contarles cómo estoy; en resumen muy mal, porque di demasiado y me di cuenta que eso no funcionó. Algunos me dicen que todo va a estar bien y sí, puede ser... pero ese bien dura minutos y no la eternidad que dura este mal en mi corazón. Tal vez por ser tan estúpido como soy, porque creo que no todos los seres humanos son iguales pero me di cuenta que sí, que son todos iguales. Lo comprendí cuando vi a la persona que quiero y al instante en que estoy a punto de morirme de amor, nada le interesa.

¿Habrá alguno de ustedes que se de cuenta que ya no puedo más? Les digo, ¿no valgo nada? ¿Tan feo, tan estúpido, tan voluble soy que nadie puede llegar a sentir algo por mí? No sé, tal vez me equivoque, pero no me queda más nada que pensar de los que me rodean. Estoy a punto de morirme interiormente y a nadie le interesa. Si esto les parece una mentira, allá ustedes... Pero si alguien puede llegar a sentir algo por mí que me lo haga saber, para que mi vida vuelva a tener sentido, al menos por esa o por esas personas.

¿Qué me dices entonces? Se llama Tomás y después de enviar este e-mail quiso morir *por amor*. Estuvo internado durante tres días en el hospital con un cuadro agudo de depresión que le afectó incluso el órgano más importante de todos. ¿Nadie podía hacer algo por él? ¿Es que se puede *sufrir tanto* por amor? ¿Es que se puede *sufrir* por amor? ¿No es acaso ése el sentimiento que debe proporcionarnos alegría? ¿Tiene siempre que causarnos tanto daño?

Decidí tomar la delantera en ese asunto y contarle a Tomás qué pienso yo del amor, por si acaso le era útil. Pues cuando a mí me sucedió algo similar, nadie supo cómo aliviarme la aflicción. Pero antes, me vi obligado a ayudarlo a superar su pena. Era lo único que estaba a mi alcance hacer por él. Y por fortuna fue suficiente. Por eso creí necesario poner a tu alcance este conocimiento. Siempre puede serte útil, aunque ya no seas un adolescente.

¿Y por qué me atrevo a decir que este libro es un manual? Porque no inventé nada nuevo. Solo me tomé el trabajo de compilar lo que los buenos autores que pasaron antes por este camino escribieron al respecto. Al mejor estilo de los libros gordos que leíamos en la escuela primaria lo presento —aunque éste libro no sea tan gordo- de una manera ordenada y didáctica, con las ideas universales que fueron ganando espacio en la humanidad en diferentes etapas históricas. Por eso es un libro compartido. Tiene mi sello personal —con el que puedes disentir- pero no puedes negar la validez de lo aquí han escrito los que más saben del tema.

Pues bien, volvamos a lo nuestro. ¿Qué has decidido? ¿Nos encontramos al final a ver qué dices? Te repito que al igual que Tomás yo también varias veces pasé por lo mismo, y pude salir a flote de mi naufragio. Pude erguirme, recomponerme y hasta animarme a un nuevo intento. Por eso escribí este libro. Para ayudarte y recordarte que no eres el único ser humano al que le sucede algo semejante. Cada vez que la vida se nos desmorona pensamos que nadie antes en el mundo sufrió de la misma forma. Al menos con tanta intensidad. Pero no es cierto. Todos en mayor o menor medida tenemos la misma historia.

Algunos por fortuna pudimos salir de la pesadilla. Y lo que hace una persona... bien lo puede hacer cualquier otra, ¿no te parece? Ahora que estamos juntos, no me prives la oportunidad de ser tu compañero de viaje, ¡ánimo! Estaré en todo momento contigo. Para encontrarnos a diario sólo tendrás que abrir el libro en la misma página en que lo cerraste el día anterior. ¿Cómo haces para recordar cuál era? Eso ya el libro no puede hacer por ti, para eso... viejo, cómprate un señalador.

Giuseppe

Capítulo 1:

¿Qué es el amor?

La argumentación de la ciencia.

Si colocamos en algún buscador de internet la palabra amor, el sistema inmediatamente nos arrojará cientos de definiciones con diferente tipo de contenidos. Todas bastante ciertas, algunas muy irónicas, pretenden describir el más noble de los sentimientos según su disciplina. Todas pueden aproximarse a lo que es el amor pero ninguna lo describe en su totalidad.

Vamos a mencionar algunos ejemplos concretos. Para la Psicobiología el amor es

Una emoción que parecería corresponderse a un estado psíquico a menudo pasional de dependencia del ser amado.

Esta dependencia que puede ser muy intensa, estaría basada probablemente por procesos neurobiológicos similares a los de la dependencia a las sustancias adictivas. Los distintos estados hedónicos inducidos por la relación enamorada, pueden ser más concretamente los causados por el estímulo del sistema somatosensorial y/o por la satisfacción de la necesidad oxysmica (significa excitación) formarían un vínculo de apego (intensidad baja) o dependencia (intensidad fuerte).

Los neuromediadores supuestos que podrían implicarse serían la oxitocina y las endomorfinas, actuando en las estructuras límbicas.

(www.psychobiology.ouvaton.org).

Pero, el amor, ¿es solamente una emoción o es algo mayor, digamos, un sentimiento? ¿Siempre el amor genera dependencia del ser amado? ¿Eso es psicológicamente sano? ¿Es bueno depender de alguien? ¿No habría Tomás —por ejemplo- tenido demasiada dependencia de su pareja? ¿Eso es amor?

Es muy posible que los neuropsicólogos tengan razón cuando dicen que los mediadores neurológicos actuarían en el cerebro límbico, porque esa es justamente la porción del cerebro donde se asientan los movimientos emocionales como el temor, la agresión y las pasiones.

El sistema límbico, también llamado cerebro medio, está ubicado debajo de la corteza cerebral y lo integran entre otros, el tálamo, el hipotálamo, el hipocampo y la amígdala. Esta última es fundamental para nuestro desarrollo. Si la amígdala se lesiona por alguna causa, somos incapaces de reconocer las distintas expresiones de un rostro, jamás sabríamos si una persona está triste o está contenta. Y es también la responsable de que, en situaciones cercanas a la muerte veamos en unos pocos segundos la película completa de todo lo que nos pasó en esta vida.

Algunos investigadores de la Universidad de Yale afirman que el aprendizaje y la memoria se relacionan también con la amígdala, por eso podemos aprender en ciertas situaciones con mayor facilidad que en otras. Y al estar en continua interacción con la corteza cerebral (la región del cerebro donde todo lo hacemos conciente) se explica que tengamos control sobre nuestras emociones.

Pero entonces, ¿qué es lo que hace que el amor sea a veces desenfrenado, descontrolado? ¿A todos nos funciona mal el cerebro límbico?

El amor, sin lugar a dudas debe estar relacionado con la definición que da la psicobiología, pero es mucho más que eso.

Otra de las posibles definiciones que dan vuelta por la red afirma que

El amor existe entre diferentes personas y viene en diferentes formas, como el amor entre las amistades, hacia los padres o hijos. El amor no es igual que el deseo sexual. El contacto sexual puede ser una manera de expresar este sentimiento hacia otra persona, pero no la única manera.

(http://www.quierosaber.org/glosario.html).

Entonces aparece la primera clasificación; o sea que también podemos hablar de diferentes tipos de amor. Y eso es también cierto, de hecho lo abordaremos más adelante, pero no nos ayuda de manera completa a develar nuestro interrogante.

Algunos usuarios muy osados dan a conocer su picardía mediante aforismos ingeniosos como éste:

Amor: palabra de cuatro letras, dos vocales, dos consonantes y dos idiotas.

(http://www.taringa.net/post/ciencia-educacion/10138662/Frases-
Filosoficas-platon-socrates-Se-Sabio-No-Ignorante.html)

Definición que me gusta, aunque cause risa. Me quedo con ésta, porque es quizás la más cierta de todas. No miente en nada. Tiene cuatro letras, dos de ellas son consonantes y dos son vocales. Y vaya que la mayoría de las veces quienes se sienten bajo su influjo obran como idiotas. También analizaremos este punto.

Por eso necesitamos conocer qué es aquello que no sabemos exactamente donde se localiza (la neurobiología presume saberlo pero no se anima a afirmarlo), no sabemos cuánto pesa, si pesa algo, ni qué color, sabor u olor tiene, pero nos hace obrar de la manera más insólita cuando nos invade. Eso que los humanos llamamos amor.

Nietzsche decía que...

La mayor parte de las filosofías han sido inventadas para acomodar nuestros sentimientos a las circunstancias adversas, pero tanto las circunstancias adversas como nuestros sentimientos son efímeros.

Aforismos y otros escritos filosóficos, Fredrich Nietzsche.

Y tratar de definir al amor, aunque se enoje mi ex profesor de Neuropsicología, es una cuestión más bien filosófica.

Germán Rodríguez Pereira en su trabajo "Filosofía del amor" parece coincidir conmigo, al menos en parte. Él propone realizar un análisis exhaustivo de nuestra mente a la hora de definir este sentimiento que hasta ahora viene siendo indefinible.

Para desandar este mismo camino parte de otra de las tantas definiciones históricas de amor: *la inclinación del alma hacia un objeto o persona.* Y para evitar caer en cuestionamientos más grandes, porque no todos aceptan la existencia del alma, propone reemplazar esa palabra por su equivalente más acertado según el positivismo: la mente.

Pues bien, ¿se aloja la mente en el cerebro? ¿O tenemos un enorme cuerpo mental que incluso nos trasciende más allá del propio organismo? Ciencia y metafísica opinan de manera diversa. Tomemos primeramente la ciencia.

La mente, para los científicos reduccionistas, sólo podría estar ubicada en el cerebro y se divide en cuatro partes diferentes: el razonamiento, la personalidad, la memoria y los sentimientos. La personalidad es la encargada de definir nuestros gustos (de allí la gran cantidad de seres que podemos amar; allí quizá también se encuentra uno de los discutidos orígenes de la homosexualidad) y los sentimientos están relacionados con la posición que tomamos frente a esos gustos. Pero para que algo pueda perdurar en el tiempo, los gustos antes deben guardarse en nuestra memoria, y esa función la cumple la amígdala. Sino sería imposible que pueda procesarlos la personalidad y nos sería muy difícil recordar el rostro de las personas que conocemos.

La estructura de nuestro cerebro permite que toda esta cadena de acontecimientos se mantenga firme. No se sabe por cuánto tiempo puede mantenerse algo firme, pues como el tiempo pasa y las modas van y vienen, cambiamos de gusto con mucha facilidad. Y lo hacemos sin razón aparente. ¿O alguien se cuestiona demasiado por qué le gusta el rock y no el folclore?, ¿por qué dejó de gustarle aquella remera que causaba sensación el verano pasado? Podemos encontrar muchas explicaciones que justifiquen nuestra decisión de dejar de oír cierto estilo musical o nuestro ajuste al cambio de la moda. Pero no sabemos realmente *por qué* ya no nos gusta más.

O sea que si el cerebro fija, no lo hace de una manera muy rígida. O al menos permite el cambio. Qué bueno que lo permita, gracias a ello la humanidad puede evolucionar. Con esto arribamos a una conclusión, *la estructura de nuestro cerebro reacciona frente a las situaciones de una determinada manera.* Nietzsche cree que recibimos señales que son decodificadas por el cerebro y que, al combinarlas, se produce una reacción (a esto solemos denominar sentimientos) en nuestro razonamiento (o en nuestra personalidad, pues se trata de gustos) y allí estaría el origen del amor. (¡Aleluya, lo encontramos!).

Por eso el amor es cambiante. Por eso lo que hoy amamos mañana podemos dejar de amar. Por una función del cerebro que fija pero no del todo, que permite el cambio y que gracias a ese cambio modifica el planeta.

¿Basado en esta teoría habrá escrito Maeterlinck que *todo amor que no se nutre de un poco de dolor puro muere?* ¿Por el dolor a que nos somete el cambio? Ya le contestaré al autor belga en el próximo capítulo porque no estoy de acuerdo con su poesía. Ahora sigamos con este asunto...

Si encontramos el origen del amor tenemos que ver cómo funciona este sentimiento de manera lógica y racional. Porque estamos revisando la opinión de la ciencia y no la de la metafísica.

Entre las características del conocimiento científico encontramos la capacidad de ser analítico (del griego analysis que significa descomposición) y sintético (del griego synthesis, que significa reunión).

Por eso, volviendo a la idea de nuestros gustos -que originan todo el proceso antes explicado de nuestro amor por las cosas- cada vez que nos gusta un helado de frutas y decimos —y es correcto basado en esta instancia- *amo el helado de frutas*, si utilizamos el análisis (separando el todo en sus partes o elementos constitutivos) decimos amo la leche, el azúcar y la fruta con que fue preparado, amo el frío con el que se mantiene, amo el cucurucho en que se sirve, amo los componentes del cucurucho, e incluso podemos seguir analizando cada una de esas partes. Porque eso es hacer ciencia.

Pero puede suceder que alguno de esos componentes básicos no sea de nuestro agrado. O sea, que decir *amo el helado* sería entonces una mentira. Así, al rearmar la estructura original mediante el proceso de síntesis tendremos que decir con honestidad: *amo el helado pero no tal cosa que lo integra* y si descartamos uno solo de esos elementos, ya no sería entonces un completo helado.

Si el amor sucede entonces cuando el objeto de nuestro gusto es presenciado por nuestra personalidad, descompuesto en cada una de sus partes y vuelto a armar, cada una de esas propiedades despierta una emoción diferente, que conjugada con todas las otras emociones formará el sentimiento. Y si no nos gustan todas esas emociones, no estaríamos en presencia del amor.

Como vemos, científicamente, ahora pudimos encontrar una primera explicación sobre por qué dejamos de amar, que será de utilidad más adelante.

Lo que no podemos negar es que el amor es motivado por un objeto que, al descomponerlo notamos que tiene determinadas características entre sus partes y que la combinación de esas particularidades que nos gustan generan el sentimiento.

Pero Nietzsche no nos facilita demasiado la cosa. Nos embarcó en un viaje que no es demasiado sencillo. Porque este filósofo alemán además dice que para que todo esto sea amor y no otra cosa hay que…

> Intentar abarcar el bien en su totalidad, pues cuando amamos juntamos todas las mejores propiedades de las cosas más maravillosas y perfectas que consideramos en el mundo, y como éstas son similares con el objeto, éste es considerado como esa cosa maravillosa, como ese algo perfecto.
>
> Aforismos y otros escritos filosóficos, Fredrich Nietzsche.

¿Eso le da al amor permiso para ser engañoso? Porque no podemos abarcar el bien en su totalidad aunque lo intentemos. Queda muy bien demostrado en la práctica, cuando los interesados en "amarse" deciden interactuar.

El diccionario dice que la interacción es *la acción que se ejerce entre dos o más personas, grupos de personas u otros agentes.* Todos los seres humanos interactuamos constantemente. Y esa interacción puede medirse según el grado de influencia que uno ejerce sobre el otro.

En un nivel muy bajo encontramos el odio, luego la ignorancia, después la tolerancia. Por encima de ésta el respeto, más arriba el amor y por último el fanatismo. Y la regla se cumple inexorablemente: a más bajo nivel mayor distanciamiento entre los seres, a más alto nivel mayor proximidad entre ellos.

¿Pero es necesario que dos personas sientan el mismo grado de compromiso en sus interacciones? No necesariamente. *Debería ser* nos dice la sociedad, es lo ético, lo que se espera. Pero entre el rol esperado y el rol asumido hay una gran brecha.

Si una persona odia a otra, esta última no necesariamente está obligada a odiarla. Incluso puede amarla, o lo que es peor ser fanática de la primera. ¿Por qué no se da esto en forma de pares cartesianos? Porque la matemática no sirve para los sentimientos. Porque a los sentimientos no se los puede programar como a una

Giuseppe Badaracco

computadora. Porque en definitiva todo tiene que ver con esa suma de reacciones que -Nietzsche advertía- sucede cuando observamos al otro.

Pero cuando se da la misma interacción en el nivel del amor, sucede lo que tanto ansiamos. Y nos ponemos de novios, encontramos nuestros amantes o simplemente, nos enamoramos. Ya sabemos que eso dura un período, que no necesariamente es eterno, que cambia con el tiempo, que es provisorio (como otra de las características del conocimiento científico).

Ahora bien, si al cabo de un tiempo de interactuar en el nivel del amor, entre los dos amantes se produce una ruptura, para consolarnos podemos usar las palabras del filósofo alemán que nos auxilia, *creíamos querer a esa persona, y al creer que la queríamos también creíamos que esa era la solución a nuestras necesidades, porque era lo más próximo a nuestros sentimientos.*

Una posible manera de justificar nuestra derrota. Un sano *darse cuenta* de la nueva realidad. Y muy cierto.

Voy a abandonar por un rato a Friedrich Nietzsche, si te interesa el tema puedes ahondar en su libro "Aforismos y otros escritos filosóficos", pero muchas más vueltas no le darás al asunto, pues allí se acaba lo más importante. Ha sido de una gran ayuda para introducirnos al debate en uno de los lados. El lado crítico, lógico, al que hay que adherir como a un paradigma o cuestionarse si no es también una creencia.

Entonces tengo otro interrogante, ¿se tiene que creer en el amor? Oigo por allí que hay gente que cree y gente que no. La autora María del Carmen Siccardi sugiere que

El amor no es algo en lo que se cree, es un hecho de la vida, es algo que ocurre todo el tiempo, incluso cuando no lo reconocemos por lo que realmente es.

Mamá, ¿qué es el amor?, María del Carmen Siccardi.

Y esto nos aproxima a la idea metafísica del amor. El amor ES.

No está demás recordar que la metafísica es la parte de la filosofía que se ocupa de develar el origen del Ser en cuanto Ser. Por eso ha sido llamada filosofía primera y estudia tanto la totalidad como la unidad de todas las cosas. Esta disciplina, que vuelve a tomar auge en la nueva era, debe su nombre a Andrónico de Rodas, un compilador de la obra de Aristóteles que, en el siglo I de la era cristiana, al no saber cómo nombrar ciertos escritos del estagirita que hablaban de Dios, de la moral y las virtudes, les colocó el nombre de metafísica solamente porque en el orden de su antología venían después de los tratados sobre física. Metafísica significa pues, más allá de la física o después de la física.

Cada vez que usamos ese vocablo recordamos inmediatamente a Aristóteles, el padre de la ciencia moderna, discípulo de otro grande: Platón. Aristóteles era un fanático seguidor de su maestro, por eso no quiso desarrollar su teoría hasta que Platón muriera, para no enemistarse con él por tener diferentes ideas. He ahí por qué muchas veces se los presenta como rivales ideológicos. Pero lo cierto es que ambos contribuyeron al desarrollo de la humanidad quizás sin proponérselo. Y de las ideas de ambos intentaré rescatar una definición lo más acertada posible para el amor.

Pero antes debo hacer una salvedad. La palabra metafísica, en la actualidad, no solamente refiere al pensamiento aristotélico. Bajo este nombre se nuclea una serie de ideas científico-religiosas presentadas como una doctrina de amor universal por los seguidores del maestro Saint Germain. La Doctrina de los 7 Rayos o de la Nueva Era que cuenta con miles de seguidores en todo el planeta y sus principales representantes son Cony Méndez y Rubén Cedeño. Una conciliación de ideas cristianas, budistas y filosóficas universales que se plantea como camino de autosuperación y a la que también pediré socorro para este trabajo.

Pero recorramos primero la visión de los sabios de la antigua Grecia, aquellos a los que toda la humanidad respeta.

La opinión filosófica.

Platón, en sus célebres diálogos siempre expone las ideas de Sócrates, a quien acompañó durante muchos años y se refiere varias veces al sentimiento que intentamos descifrar.

En "El Banquete" dice que Eros (el amor), engendrado el día del nacimiento de Afrodita, es hijo de Penía (la pobreza) y Poros (la abundancia) y por tal motivo *lo que consigue siempre se le escapa, de suerte que Eros nunca ni está falto de recursos ni es rico, y está, además, en el medio de la sabiduría y la ignorancia.* Y brinda así una de las claves del enamoramiento: vivir constantemente entre tener y no tener a la persona amada. Entre conocerla e ignorarla, ese eterno proceso por descubrirla que hace que cada vez uno se sienta más fascinado por ella.

En otra de sus obras famosas, "Diálogos", cuenta que el hombre fue castigado por Júpiter dividiéndolo en dos partes. Y que desde entonces cada una de esas partes ha tratado de encontrar su otra mitad para volver a estar íntegro. Si lo logra…

El amor se apodera de uno y del otro de tal maravillosa manera, que ya no quieren separarse aunque sólo sea un momento… La causa es que nuestra primitiva naturaleza era una y nosotros éramos un todo completo. Se da el nombre de amor, al deseo de volver a recobrar aquel antiguo estado.

Diálogos, Platón.

¿Será por eso que nos sentimos tan bien cuando compartimos nuestra vida con quien amamos? ¿Por eso todos ansiamos encontrar nuestra alma gemela? Seguramente que sí, para volver a ser Uno, para completarnos, eso es algo que quedó grabado en el inconsciente colectivo de la humanidad. Porque *el amor es el más*

antiguo de todos los dioses y de todos ellos es el que más benefi-
cios concede a los hombres. El que ama es algo más divino que
quien es amado, porque está poseído por un dios. Pero no estoy
seguro que sea del todo cierto, sigamos investigando...

Una investigadora española nos dice textualmente:

El eros, como el alma y como el filósofo, pertenecen a ese linaje de seres me-
dianeros entre el mundo de las Ideas y el de las cosas materiales, y cuya misión
consiste en poner en comunicación ambos mundos. Por amor platónico se
entiende hasta hoy el amor espiritual, el amor que nos trasciende, amor imposible dicen... pero no. Es el amor que hace posible los imposibles, que nos hace
sentir hermanos por encima de las diferencias.¿Por qué? Esa es la pregunta del
filósofo. ¿Por qué Platón insiste en que hay que aprender a amar? Hace falta
aprender a amar porque en nuestro mundo falta mucho amor, y hace falta
volver a tender la mano y ofrecer algo para comer, para sobrevivir y además un
sueño, un Ideal... El amor que nos hace sentir y encontrar de nuevo a Dios.

¿Qué nos enseña Platón del amor?, Sara Ortiz Rous.

En su obra "Ética a Nicómaco" el mejor alumno de Platón no
niega que el amor (Eros) sea compatible con la amistad (Filia).
Aristóteles cree que la relación íntima entre dos personas puede
incluir la amistad como también la cooperación y la camaradería.
Pero no necesariamente Eros debe someterse a Filia, ni mucho
menos transformarse en ella. El sabio siempre separaba uno de
otro. Por ejemplo, cuando dice *para los amantes la vista es el sen-*
tido más preciso, para los amigos la convivencia.

¿Te das cuenta que vamos encontrando una notable diferencia
entre el planteo aristotélico, el platoniano y el de la ciencia moderna? Habíamos quedado en que los sentidos son engañosos. En
cambio el estagirita afirma que...

Parece, sin duda, que la benevolencia es el principio de la amistad, así como el
placer visual lo es del amor y luego corrobora no es posible ser amigo de muchos con perfecta amistad, como tampoco estar enamorado de muchos al mismo tiempo (pues amar es como un exceso y esta condición se orienta, por
naturaleza, sólo a una persona). El amor tiende a ser una especie de exceso de

amistad, y éste puede sentirse sólo hacia una persona; y, así, una fuerte amistad sólo puede existir con pocos.

Ética a Nicómaco, Aristóteles.

El amor, para este sabio, se relaciona solamente con una persona. En cambio la amistad puede fructificar con varias. Para los antiguos griegos la amistad era un patrimonio masculino. Y la defendían con la vida. Tener un amigo era lo mejor que les podía pasar. El amigo gozaba de privilegios que a veces superaban los que hoy son considerados *normales*. Quizá por esta costumbre de su época, Aristóteles nunca se opuso al vínculo amistoso tan fuerte que había entre dos de sus célebres discípulos: Alejandro Magno y Hefestión. Por el contrario, lo fortalecía, intercedía entre ambos si por alguna razón ese vínculo se resquebrajaba. Estaba convencido que la amistad entre estos jóvenes era similar a la de Patroclo y Aquiles y vivía relatándoles las hazañas de estos héroes para que los imitaran.

Aunque el revisionismo luego dirá que Hefestión, más que la mano derecha de Alejandro era su amante. Y que la relación que tuvieron fue tan intensa que superaba con creces los valores de la amistad aprendidos de su maestro. Según una especialista en historia antigua...

La muerte de Hefestión en Ecbatana fue una tragedia para Alejandro, mandó cubrir de negro las siete murallas de oro de la ciudad, la residencia de verano de los reyes persas, le dedicó juegos funerarios nunca vistos y erigió en su honor una ciudad que permaneció habitada hasta el siglo VI d.C. Apenas un año después el propio Alejandro murió en Babilonia sin haberse recuperado nunca de la pérdida de su amado.

Los diadocos o sucesores de Alejandro, Ana María Vázquez Hoys.

¿Entonces sí fue amor y no amistad? ¿Aunque tuvieran el mismo sexo? Decíamos al inicio de este capítulo que es posible que ello ocurra. Pero fue un amor mezclado de camaradería, cooperación y deseo, tan intenso y real que llevó a Hefestión a soportar lo que pocas personas se animarían a hacerlo. No olvidemos que Alejandro, por ser fiel a las normas de la realeza se casó tres veces.

¿Acaso que el amor no es, en el fondo, otra cosa que amistad? Pero entonces, ¿de qué tipo de amistad estamos hablando? Obviamente, desde la perspectiva aristotélica, de una forma imperfecta de amistad, dado que la perfecta amistad solo es posible entre iguales, y hombre y mujer no lo son. ¿Habría que concluir entonces que el amor es una amistad imperfecta establecida sobre una comunidad de intereses sexuales, reproductivos y económicos? Pero en ese caso, la sustancia misma del amor queda sin ser dilucidada, porque subsistiría la pregunta de por qué establecemos esa amistad excesiva e imperfecta con esta persona y no con la otra, es decir, ¿por qué nos enamoramos?

Sin embargo, Aristóteles da por supuesto el primer paso de este proceso, el enamoramiento, que nos vincula a una sola persona (sin proponerse explicar tal fenómeno) y lo que intenta decir es que, pasado el tiempo, esa vinculación amorosa a una sola persona ha ido cristalizando en una comunidad de intereses que, muerto el enamoramiento, mantiene unida a la pareja transformando el amor en una forma peculiar de amistad; una amistad excesiva e imperfecta

(Amor sin metafísica, Alfonso Fernández Tresguerres)

Aristóteles valoraba tanto la amistad que no podía aceptar que se basara en el interés o en el grado de utilidad que puede proporcionarle a nuestra vida. Que el amor con el paso del tiempo pueda transformarse en amistad no es una regla. No siempre sucede. Y si no sucede no significa que los amantes sean poco inteligentes. Sencillamente no eligen seguir juntos cuando el sentimiento se termina.

Pero también es cierto que tanto el amor como la amistad, necesitan una dosis de placer. Porque nadie se enamora o se hace amigo de otro porque le tiene lástima. Nadie quiere por compasión, el sentimiento muchas veces nos vuelve egoístas.

Si encontramos alguien de quien enamorarnos, el vínculo será más fuerte, aunque también más frágil, porque lo querremos en exclusividad, sólo para nosotros, —como decía Aristóteles- *el amor no admite más que dos personas.*

En cambio, si lo que aparece a nuestro lado es un amigo, podemos compartirlo con otros individuos. No le exigimos total fidelidad. Porque la amistad es más abierta. En la amistad se perdonan fácilmente algunas faltas.

A veces también suelen aparecer *otros amores* menos intensos que el verdadero pero muy necesarios para la ocasión. Amores salvavidas, que nos ayudan mientras duran y nos cobijan. Estos amores son una forma de amistad sexual, que no siempre exigen la firma de un contrato de exclusividad entre las partes.

Pero tanto sea con los amigos, los amantes o los amores verdaderos no solamente nos relacionamos con el alma, también usamos algunas partes del cuerpo. Y aunque en algunos casos esa relación corporal no induzca a la fecundidad, no deja de ser una relación ética.

Como ves, ni la ciencia ni la filosofía perenne nos pueden dar una definición exacta del amor. Y la necesitamos para este proyecto. ¿Qué tal si revisamos la propuesta del movimiento de la Nueva Era?

La visión de la Nueva Era.

Un gran ciclo cósmico de catorce mil años está terminando. La Nueva Era, también llamada Dispensación de Acuario tiene un mensaje para el mundo actual basado en el amor. Para ello acepta que la humanidad pasará gradualmente a otro estado de conciencia y que la energía reinante en el cosmos pertenecerá al denominado Séptimo Rayo.

¿Cómo repercutirá esto en el hombre? Logrará que emplee por su propia voluntad el conocimiento al servicio del prójimo y que también lo aplique en su propia vida con autosacrificio. Pero fundamentalmente, en pro de la evolución.

Para esta doctrina, el amor es una energía. Interesante definición.
Y más interesante aún como la plantea.

Un integrante de la Hermandad Saint Germain de Villa Allende,
localidad de la provincia argentina de Córdoba, en su libro dice
que...

El estado natural del hombre es la alegría. Si actúas con amor, harás bien a tu
prójimo, remediarás tus aparentes males y por Ley de Correspondencia toda
clase de bienes vendrán a ti, te liberarás de la enfermedad, de la miseria, tendrás
poder de actuar sobre todo lo que aparente ser menos que bueno y podrás
transmutarlo amorosamente en bien. El uso inteligente de la Llama Rosa viene
a liberarte del pesar, de la tristeza, del remordimiento, viene a abrirte las puertas
del Reino del Amor, donde tú al dar amor serás amado, ya que –por Ley de
Correspondencia- lo que das a otro te será dado, lo que siembres recogerás y si
siembras amor indudablemente que tu cosecha va a ser de amor.

Nueva Metafísica 4 en 1: Quién es y quién fue el Conde de Saint Germain,
Jorge Hartkopf

Entonces, para esta doctrina, la célula madre donde se origina el
amor está presente en todos nosotros y sería muy fácil activarla si
nos concentramos en la energía de la Llama Rosa. Esta llama sim-
boliza una de las virtudes divinas, y se ubica a la derecha de nuestro corazón.

Varios estudiosos de este movimiento nos han hecho la cosa más
fácil, sin tantos tecnicismos ni palabras complicadas.

El amor de la nueva era te hará comprender que, cada persona que conoces y
con la cual te relacionas, tiene un mensaje para ti. Ya no pensarás que no encuentras a la persona apropiada y valorizarás cada relación que vivas, por más
breve que sea.

Se caracteriza fundamentalmente por la independencia de las dos partes. Cada
uno respetará la libertad individual del otro, alentando su progreso, estimulan-
do su desarrollo y crecimiento. La idea de poseer al otro como un objeto ya no
prevalecerá y entonces podrá compartirse todo, desde un plano sin exigencias y
de verdadera entrega. En esta nueva era, más importante será amar que ser
amado. Podrás comprender y respetar los sentimientos de la otra persona con

tranquilidad. No necesitarás recurrir a técnicas de seducción o, en el peor de los casos, a conductas manipuladoras, para lograr una respuesta en el otro. Comprenderás la importancia de respetar los tiempos internos de cada uno y tendrás paciencia para esperar lo que fuera necesario.

Desaparecerán las actitudes machistas y las tradiciones sociales que coartan la libertad del individuo, como por ejemplo, aquellas que obligan al hombre a ser siempre el fuerte y, por otra parte, limitan a la mujer a ciertas tareas hogareñas o a ocupar una posición inferior. También desaparecerán las religiones severas que enseñan el mensaje de Dios a través del miedo, el pecado, la culpa o el castigo. No habrá sometedores ni sumisos en ninguna pareja, ni tampoco habrá necesidad de vivir relaciones dobles o mantener un matrimonio formal por los hijos o por la crítica social.

El sexo será la culminación sublime de la unión y no sólo una práctica placentera e instintiva. No habrá tabúes ni inhibiciones, entonces conocerás el verdadero placer en lo carnal, por complementarlo a lo espiritual. Para encontrar el amor de la nueva era, primero debes vibrar correctamente y para ello, es necesario hacer un trabajo de crecimiento integral.

El amor de la Nueva Era, Horacio Valsecia.

Más claro imposible, ¿no? Como se puede apreciar, este movimiento aproxima las ideas platónicas y aristotélicas en la búsqueda de una conciliación entre lo espiritual y lo carnal. Pero nada dice de la parte científica del amor y además, establece como un dogma los requisitos ineludibles para disfrutarlo. Y se distancia de las iglesias tradicionales a las que culpa del mal manejo que hicieron de su doctrina, causando la infelicidad de los humanos.

Interesantísimo debate se abre ahora en nuestro trabajo. Me pregunto qué pensará el cristianismo de este sentimiento. Si el más grande de sus santos murió en una cruz hace más de dos mil años, justamente por amor, tendrá que tener alguna posición tomada al respecto.

La postura del cristianismo.

Estamos viviendo un momento de la historia donde el positivismo ya no puede mantenerse en pie como antes. Se le agradece a este movimiento su esfuerzo constante por desarrollar las ciencias a favor del hombre, pero al mismo tiempo se le critica su deshumanización, su frialdad, su distanciamiento de los valores espirituales que también son importantes para la vida en sociedad.

Quizá por ese motivo surgen miles de voces alzándose en contra de las ideas más estructuradas y tratan de recuperar la fe y los valores primeros. Tanto las filosofías de vida como las religiones llevan adelante esta campaña. Y el cristianismo, retoma la bandera que enarbolara hace muchos siglos.

Es que las palabras de Cristo vuelven a tener vigencia cuando las personas descubren que tanta ciencia y tanta tecnología no alcanzaron para hacerles felices. Todos sabemos que Jesús habló del amor a Dios como el más importante de los mandamientos, y del amor al prójimo como una segunda ley.

Pero, ¿por qué el amor es el gran mandamiento?

El amor es el más grande mandamiento porque es la única motivación efectiva para nuestras acciones, cumple con el propósito de todas las demás leyes, nos eleva por encima de nuestros esfuerzos por una justificación legal y trasciende todo sentido del deber.

¿Cuál es la ley de Cristo?, Cecil Hook.

El amor es presentado por Cristo como una ordenanza religiosa, pero no puede ser impuesto como se imponen todas las otras leyes. Nadie puede amar a la fuerza, por lo tanto, debe ser inculcado. Y para ello la iglesia se vale de la afirmación de Romanos 5:8 *Dios muestra su amor para con nosotros, en que siendo aún pecadores, Cristo murió por nosotros* y a partir de allí pedirá a sus fieles que promuevan el amor entre sus semejantes. San Pablo

41

reconocía que ese amor de Cristo, que los humanos no merecíamos, tiene que ser la verdadera fuerza que le de sentido a nuestras vidas.

A través de la Biblia, y de las revelaciones de los profetas, Dios siempre le brindó claves al mundo de cómo tendría que ser nuestra relación con Él. Una relación íntegramente basada en el amor. Si no tuviéramos esa revelación los hombres no sabríamos qué espera Él de nosotros, ni cómo agradarle. *Si me amáis, guardaréis mis mandamientos* (Jn. 14:15).

Todo lo que Dios nos pide que hagamos para cumplir con Su Mandamiento de nada valdría si no nos impulsa un sentimiento verdadero. Por eso necesitamos conocerlo, para poder aplicarlo como corresponde.

La Tabla de los Diez Mandamientos, Cristo redujo en uno solo: *Amarás a tu prójimo como a ti mismo.* Por eso San Pablo recalca una y otra vez que el que ama a su prójimo ha cumplido la ley. Ese amor al prójimo, entonces incluye el respeto por todos los otros mandamientos. Moisés creía que ése era el verdadero propósito de Dios, y por eso —mucho antes que Cristo viniera al mundo- inculcaba a su pueblo estos valores.

Entonces si el amor es ley, cada vez que nosotros cumplimos con las leyes somos ciudadanos justos y libres. Nadie puede demandarnos. ¿Cuál es el mínimo esfuerzo que tenemos que hacer para lograrlo? No importa el mínimo, no se puede amar mínimamente o máximamente. Lo que importa es que amemos. Dios nos acepta como somos, pues Él nos creó. Y tampoco se ocupa de andar comparando si una persona hace más que la otra, o ama más que la otra. Porque sabe que cada uno de nuestros actos —si cumplimos la Ley- está motivado por amor. Por lo tanto, no mide la intensidad de nuestro amor como podemos medir nosotros las cosas terrenales. Acepta todo el amor que le prodiguemos.

Cuando obramos por amor nos preguntamos en qué podemos servir. El autor norteamericano lo expresa muy bien cuando dice

Supongamos que voy manejando por una carretera que cruza las aguas. Luego veo un automóvil caer del puente al río. Hay seis personas en el automóvil, las cuales no pueden nadar. Brinco al agua y salvo una persona, luego voy y rescato a otra. Estoy haciendo una obra maravillosa. Otra tercera persona es rescatada. Me estoy convirtiendo en un héroe. Voy a salir en las noticias de las seis de la tarde por el canal 4. Luego me digo a mí mismo: creo que ya hice mi parte, he rescatado más gente en este momento que la que otros rescatan en toda su vida, creo que ya es tiempo que otros hagan su parte. Y dejo que las otras personas se ahoguen. ¿Sigo siendo un héroe? ¿O un criminal?

¿Cuál es la ley de Cristo?, Cecil Hook.

Dios nos pide que cumplamos por amor, no nos está cobrando por aquello que no hacemos. La única vez que Jesús habló de deberes dijo *Así también vosotros cuando hayáis hecho todo lo que se os ha ordenado, decid: Siervos inútiles somos; hemos hecho solo lo que debíamos haber hecho* (Lucas 17:10).

Tal vez por todas estas razones Jesús eligió el amor como la característica que identificaría a sus discípulos. Desde entonces, el amor pasó a ser para el cristianismo el más importante de sus mandamientos.

El propósito que me planteé al comenzar este capítulo fue develar lo que se esconde bajo el término "amor". ¿De qué hablamos cuando hablamos de amor? Para ello recorrí las opiniones de la ciencia moderna, de la filosofía perenne, de la metafísica y de la teología cristiana queriendo encontrar una verdad única, pero solamente encontré respuestas parciales. Todas valiosas, algunas con mayor vigencia que otras.

Los seres humanos creemos saber qué es el amor pero nos es muy difícil explicarlo. Cualquier aproximación que intentemos siempre resultará escasa por la magnitud que encierra ese sentimiento.

Por eso, si los grandes sabios que me auxiliaron hasta el momento no fueron capaces de elaborar una respuesta única, difícilmente sea yo quien la encuentre. Pero puedo intentar un resumen.

Para que mi esbozo tenga algún tipo de credibilidad tendría que contar con el apoyo de una disciplina amplia, con sólida raíz científica, que hunda sus raíces en la filosofía perenne, no descarte la idea de que lo divino puede estar presente en el hombre y se valga de algunas técnicas aprobadas por la metafísica. ¿Será que existe algo así? Creo que me va a sacar del pozo un representante de la psicología transpersonal.

La síntesis de la psicología contemporánea.

Cuando hablamos de psicología transpersonal hacemos referencia a la cuarta fuerza de esta ciencia. Una corriente que ya lleva más de cinco décadas de exitosa aplicación, impulsada primordialmente por los norteamericanos, que en su abordaje terapéutico reconoce la figura del sanador interior.

Acepta que los hombres podemos comunicarnos con la divinidad en momentos especiales a los que se denomina experiencias cumbre. Y éste tipo de experiencias resultan muy positivas porque nos ayudan a ampliar la conciencia y nos comprometen profundamente con el mundo que nos rodea.

La psicología transpersonal no se queda analizando en teoría estas posibilidades, las lleva a la práctica en el consultorio a través de técnicas que permiten explorar aquello desconocido que hay en nuestra mente. Por eso resulta tan importante la función del terapeuta como facilitador de estas situaciones.

El término transpersonal –como su nombre lo indica- advierte la trascendencia de todo lo que no es personal, o sea que nos integra con aquello que está más allá de nuestro ser.

En resumen, este modelo terapéutico afirma que el hombre tiene en sí mismo todas las herramientas necesarias para su autorrealización, pero que es parte del Todo, y por lo tanto necesita de ese Todo para ser íntegro.

Está generando una verdadera revolución paradigmática porque sus representantes no tienen un papel directivo (como los psicoanalistas), y no les importa decir que abordan casos de crisis espirituales porque consideran al espíritu como una de las tantas partes constitutivas del hombre.

¿Cómo se realiza este trabajo? En un primer momento se ayuda al consultante a solucionar sus conflictos internos con el ego —como cualquier otra terapia psicológica- reforzando su autoestima integrándolo con sus zonas erróneas, y luego se avanza en dirección a su despertar espiritual. Para ello realiza su labor a través de los sueños, la imaginación activa y la meditación, porque pretende abordar cada caso desde una perspectiva más amplia.

Cuando los objetivos del ego dejan de ser tan importantes, comienza a trascender el YO para conectarse con el Yo Transpersonal que unifica el ego con la parte divina del Ser.

Hacia una psicología espiritual, Martha B. Carranza y Silvia C. Ciarlante

También se trabaja con los aspectos mágicos de la persona, sin entrometerse en las cuestiones de fe del paciente. Respeta la decisión de creer en Algo Más pues la considera una herramienta valiosa que se puede utilizar en momentos de crisis. Por eso, muchas de las técnicas utilizadas suelen ser mal interpretadas por las mentes ortodoxas y poco flexibles, quienes la atacan juzgándola de una avanzada del esoterismo que pretende abrirse paso en las universidades.

Nada más lejos de la realidad. Nació con parámetros científicos y los mantiene. Pero respeta la libertad del otro, y no repara en esos prejuicios.

Giuseppe Badaracco

¿Y qué opina del amor esta corriente?

Sergio Sinay es un conocido facilitador argentino formado inicialmente en la psicoterapia gestáltica, pero que luego se graduó de terapeuta autoasistencial con el Dr. Norberto Levy, uno de los máximos representantes del modelo transpersonal en Argentina. Sus libros me han ayudado muchísimo en momentos críticos de mi vida, y sus enseñanzas han sido el modelo que imité con muchos de mis pacientes.

Este autor, alguna vez desanduvo el mismo camino que yo para descubrir qué es el amor. Y llegó a algunas conclusiones interesantes que ahora me permito transcribir en este ensayo:

1- Toda corriente, sensación, energía, sentimiento, emoción, vivencia, experiencia o impulso que reciba el nombre de amor necesita de la existencia de por lo menos dos seres para manifestarse.

2- Esa manifestación es la de una energía por la cual una persona hace por otra algo que a ésta le hace bien. La persona que recibe ese bien, en forma natural hace cosas que al otro le generan bienestar. En esa interacción se genera un círculo fecundo de cuidado, de atención, de respeto, de sanación en el que ninguna de las dos partes se apega al resultado de sus acciones. Éstas nacen del desapego y lo que generan se llama amor.

3- Cuando las acciones que se hacen por el otro esperan un resultado, una devolución, una equivalencia; o cuando lastiman, descalifican, desmerecen, someten o postergan, no merecen llamarse amor, aunque se invoque ese nombre. Son, en todo caso, manifestaciones de un mal amor.

Las condiciones del Buen Amor, Sergio Sinay.

¡Al fin se hizo la luz! La psicología transpersonal nos dio una respuesta muy acertada de lo que es y lo que no es el amor.

Desglosando entonces esa conclusión, sabemos que el amor puede ser tanto un sentimiento, una manera de vivir, una experiencia o una energía (se pone de acuerdo con todas las opiniones que revisamos anteriormente) que para ser tal necesita como mínimo de dos personas. Y este punto es fundamental. Porque aunque se enoje Aristóteles, el trabajo constante en el consultorio me enseñó que se puede AMAR a más de una persona. Nadie va a convencerme de lo contrario.

Yo no aceptaba este concepto hasta que mis pacientes me demostraron que es posible. *Los quiero a los dos* me dijo en una oportunidad una señora. Y por más vueltas que dimos sobre el asunto, no mentía.

Ese contrato entre partes establecido inicialmente por al menos dos personas, hace que –a veces sin proponérselo, otras veces hablado de antemano- mutuamente comiencen a realizar actos de generosidad entre ellas. Desde gestos muy simples a acciones más trascendentales. La necesidad de ver a quien (o quienes) se ama satisfechos, enérgicos, felices, es tanta, que no se escatima en gastos ni en ocupaciones. Todo lo que se pueda hacer por ver bien al otro es poco.

Pero es algo mutuo que nace desde adentro. Y fundamentalmente, sin esperar lo mismo a cambio. Lo hago porque sí y punto, ¿tendría que tener alguna razón para querer ver feliz a fulanito?

Eso es el desapego. El cariño conciente. El verdadero sentimiento noble del que hablan todos los sabios del mundo. Y no hay manera de explicarlo. Nadie puede hacerlo hasta que se enamora. Y cuando se enamora tampoco encuentra motivos para hacer lo que hace. Pero lo hace.

Si no fuera así, en vez de amor sería un contrato comercial. Como cualquier otro que alguna vez establecimos con un empleador, con un banco, con una casa de comercio. Cuando el interés es la base de la relación, deja inmediatamente de ser amor.

El problema es que siempre hubo en el mundo (y lastimosamente seguirá habiendo) gente mentirosa. Embusteros, estafadores. Que no aclaran de antemano sus verdaderas intenciones. Y que han vivido su vida usando el arte del disimulo. Y en su afán de lograr comodidades o vaya a saber qué otras cosas, prometieron amor allí donde sólo podían ofrecer respeto, fidelidad o acompañamiento.

Y siempre ha habido en el mundo (y lastimosamente aún habrá) crédulos afectivos. Ingenuos, bienintencionados, algo idiotas para mi gusto, que creyeron en esas declaraciones. Y al final se encontraron con otro asunto.

También tenemos otra categoría. La de los que "siempre supieron en el fondo la verdad" pero que les gustaba dejarse engañar. ¿Por qué? Por mil razones. Por soledad, por necesidad, por carencias múltiples. Y bueno, éstos no tienen disculpa, porque con ellos no se jugó un mal partido. Pero se acostumbraron a creerse enamorados y les fue igual de difícil la vida cuando perdieron esa relación.

Pero ellos también reclaman en el consultorio en nombre del amor. ¿De qué amor les pregunto? "Del mío" –responden- *del que yo sentí, ¿o no cuenta que al menos yo me enamoré de él?*

No, no cuenta. Y aquí hay que ser categóricos. Aunque duela, aunque corramos el riesgo de que el paciente ya no quiera volver a vernos. Aquí hay que seguir a rajatabla lo que aprendimos en la definición.

El amor, para ser tal, tiene que ser de ambas partes.

Y ése es el inicio de muchos conflictos. Porque si cuesta mucho mantener a una sola persona en una misma posición bastante tiempo, ¿se imaginan a dos? ¿O acaso no percibieron que ni siquiera logramos mantener un mismo pensamiento mucho tiempo? Pensamos de día, de tarde, de noche, nunca dejamos de pensar. A veces por la mañana pensamos una cosa, y por la tarde de ese mismo día pensamos otra cosa completamente diferente sobre el mismo asunto.

¿Por qué no puede ocurrir algo semejante con el amor?

Aquí entra a jugar la idea de que es provisorio. Nadie puede prometer amor para siempre. Se puede prometer fidelidad para siempre (y quizá se pueda cumplir esa promesa) o respeto, o manutención. Pero amor NO.

Por eso es necesario mantener siempre encendida esa llama. Para que continúe haciéndonos felices, o sino apagarla de un fuerte soplido para que podamos en su lugar encender otra sin que duela demasiado.

No siempre es fácil hacerlo. No todos pueden lograrlo. Nadie dijo que lo es. Pero es parte de la vida. Y tenemos que acomodarnos a ese juego nos guste o no, porque es probable que nos ocurra y más de una vez.

Creo que para culminar el primer capítulo, esto ya es suficiente. Me queda un interrogante para iniciar el próximo. ¿Es posible que una energía tan grande, que nace del desapego, que solamente quiere ver felices a quienes envuelva, que genera bienestar en todos sus actos, pueda causar dolor? ¿Y tanto dolor que a veces el corazón está a punto de desgarrarse? ¿Es posible que en nombre de este sentimiento muchos quieran atentar contra la propia vida? ¿Por qué? ¿Qué es lo que pasa?

Bueno, si no te aburrí, no me abandones ahora. Recuerda la promesa que me hiciste. No tienes alternativa, me prometiste fidelidad en la lectura. Viejo, da vuelta la página... Cada vez se va poniendo más interesante la cosa.

Capítulo 2:

¿Es posible sufrir por amor?

Las equivocaciones más comunes que asociamos con el amor.

¿Qué preguntita no? Pues tiene una sola respuesta, NO, no es posible. La misión fundamental que tiene el amor en nuestras vidas es una sola: hacernos sentir bien. En eso me gusta compararlo con la ceremonia de la literatura. Cada vez que emprendo la liturgia de las letras me siento estupefacto. Soy fiel a lo que aprendí en mi adolescencia en los talleres literarios que dictaba Susana Martín en la vieja Editorial Plus Ultra de Buenos Aires. Siempre nos decía *para escribir hay que enamorarse. Mirarse al espejo y encontrarse felices.*

Es sorprendente que muchas personas en nombre del amor se confiesen tristes, desganadas, sin fuerzas. Porque este sentimiento es el antídoto que cura todos los males, y es recíproco. Porque tanto doy lo mejor de mí como recibo lo mejor del otro.

La primordial de las leyes por las que se rige el amor nos explica que, *una de las partes que integran esta unión solo puede estar feliz en la medida en que la otra parte también lo esté.* Porque así se mantiene en armonía la estructura de la pareja. Sino la satisfacción es momentánea.

El amor nunca es egoísmo. El egoísmo es sinónimo de inmadurez, de alguien que en un determinado momento se olvida de tener en cuenta la opinión del otro. Y ya dijimos que la obra a representar no es un monólogo, todo lo contrario, es un constante diálogo enriquecedor y fructífero.

Es importante no confundir egoísmo con amor propio. El primero es un modelo distorsionado que surge cuando intentamos compensar la falta de amor que sentimos por nosotros mismos. El segundo es una manera inteligente de priorizarnos, de saber qué cosas son buenas y qué no para nuestra vida. Y ponerme en primer lugar para nada tiene que descalificar al otro. No compito con mi pareja porque busque lo mejor para mí.

Tampoco el amor tiene que ver con el sacrificio o el dolor puro del que hablaba Maeterlinck —a quien mencioné en el capítulo I y aprovecho, humildemente, para contestarle- en su poesía. Ni como metáfora me parece bella.

¿Qué cosa es sacrificar? Es dejar a un lado algo importante debido a mi orden de prioridades. Esto termina siendo un problema porque me causa displacer, porque en todo momento me recrimino por esa elección. Hasta soy capaz de echarle en cara al otro que *por su culpa, yo abandoné tal situación.* ¿Parece coherente con lo que venimos analizando?

Quien en nombre del amor realiza una renuncia, no lo considera un martirio. Se siente feliz con su decisión.

Por eso es fundamental, para desandar este camino, que nos conozcamos bien., que nos permitamos explorarnos. Que sepamos a ciencia cierta qué cosas son importantes para nosotros y cuáles otras podemos dejar a un lado sin remordimientos.

El amor tampoco es mágico ni fortuito. Ni impredecible, como el folclore popular pretende hacer creer por ahí. Eso es un mito, una idea tan arraigada en nuestra sociedad que al fin y al cabo terminó imponiéndose.

Jamás este sentimiento puede ser producto de la buena suerte que alguien tenga, que lo haya llevado a encontrar a la pareja ideal mientras otros tienen que permanecer mucho tiempo buscando, o conformándose con menos de lo que merecen.

No es efecto de la buena estrella de nadie. No se relaciona con la astrología ni con ninguna otra técnica basada en un oráculo. Pero tanto nos ha influenciado esta idea que hemos llegado a pensar que si por fin se nos aparece la persona indicada, vamos a ser dichosos para siempre. ¿Y qué si nunca llega? ¿Tendremos la suficiente fuerza como para desarrollarnos y crecer si no lo hace?

Nuestra felicidad nunca puede depender de la aparición del otro, porque el otro puede demorarse bastante en venir, o no venir nunca. Y eso sólo hará que nos quitemos la responsabilidad de emprender nuestro camino, nos dará la justificación que necesitamos para hablar de nuestras derrotas personales. Habremos encontrado al perfecto culpable para nuestra decisión de permanecer en soledad.

Una idea inteligente sería comenzar a silenciar el diálogo interno al que estamos acostumbrados cada vez que no logramos lo que deseamos. Cuántas veces queremos hacer algo y el ego nos paraliza, nos dice que no va a funcionar, que ése no es el camino. Y somos capaces de oírlo porque, nos fue mal tantas veces, que pensamos que es una decisión sabia y muy espiritual. Y es solo un mecanismo de defensa que hemos desarrollado ante situaciones nuevas que no queremos enfrentar.

Esa tortura mental nos lleva a la indecisión, o peor aún, a abandonar la lucha antes de comenzarla. Y no hacemos ningún esfuerzo para remover esas ideas que están enquistadas en nuestro interior. ¿Por qué? Por miedo.

El miedo nos produce una sensación de angustia que la mayoría de las veces no tiene sentido. Porque nada, en definitiva, es una amenaza. Todas las situaciones están en nuestra vida para algo. Existe una perfecta sincronicidad entre nuestros asuntos y la energía que emana del universo. Antes que verlo como algo negativo podríamos usar la fórmula de ensayo-error y lo entenderíamos más fácil.

Digo esto porque mucha gente le tiene miedo al amor. Teme "a sufrir por amor", como si ello fuera posible. No se sufre por amor. Cualquier sentimiento, emoción, energía, manera de vivir o como quieras expresarlo que diga llamarse amor nunca nos produce sufrimiento. Ni pena, ni nada que se le parezca.

Otra de las equivocaciones más comunes que tenemos los seres humanos, una de las más crueles que existen, es la famosa postura de víctima que solemos asumir. Llegamos a convencernos que nos amarán más si logramos que nos tengan lástima.

Esta idea se remonta a los cuentos de hadas de cuando éramos niños. Es el equivalente de aquellos relatos donde la princesa, secuestrada por un malvado, estaba expuesta a las garras de un dragón y esperaba ansiosamente que un príncipe azul la rescatase.

Todos tenemos, independientemente de nuestro sexo, la misma fantasía: que alguien nos libere de la vida que llevamos, que resuelva nuestros problemas con su magia, que nos alivie el dolor de nuestras heridas. Alguien que se haga cargo de nuestros problemas. ¿No es lindo?

Si estamos sufriendo, deprimidos, si imploramos que nos quieran, o si intentamos el suicidio para conmover a alguien, en lugar de recuperar el amor de esa persona sólo conseguiremos alejarla más de nuestro entorno; porque —como dicen los santeros afrocubanos- "nadie quiere por lástima".

¿Elegiríamos estar al lado de alguien que constantemente se queja, sufre, o vive lamentándose de lo poco que le damos? ¡Como si fuera nuestra obligación hacerlo!

Esa forma de manipulación a la larga va a generar más problemas que los que podemos analizar en este ensayo. Sería conveniente abandonarla. Si no podemos sentirnos felices por la sola presencia del otro, sin culparle por lo que no puede darnos, mejor va a ser que lo dejemos seguir su camino. Y que replanteemos nuestra posición desde otra óptica.

Mantener alguien preso de una situación así, no solo es síntoma de nuestra baja estima, también puede ser indicador de alguna seria patología que nos acosa y sería conveniente pedir ayuda profesional.

El amor no es egoísta. Y las personas jamás permanecen al lado de quienes no aman por algún amarre de éstos. A los manipuladores les funciona la receta un tiempo. Pero luego se ven obligados a aumentar cada vez más su intensidad porque se les derrumba. Y es imposible vivir así.

Hay que tener la suficiente madurez para aceptar los problemas sin buscar a quién culpar por nuestra infelicidad. Hay que usar el desapego, y confiar. Si la relación no se basa en la confianza no sirve.

Otra curiosidad que encuentro a diario tiene que ver con que la mayoría de las personas vive lamentándose de la pareja que tiene, como si nos echara a los demás la culpa de su elección. Hablan de la tiranía con que los trata, de sus excesivos celos –por cierto, siempre infundados-, o de lo débiles que son para algunas cosas. Y no hacen nada para remediar esa situación. Lo cómico es que se pasan ventilando esa desarmonía interna por todos lados, pero con los únicos que no hablan es justamente con los responsables del asunto.

Otras son demasiado permisivas. Jamás dicen un "no" aunque se sientan infelices con ello. ¿Por qué lo hacen? ¿Por miedo? ¿A qué, o a quién? ¿Es un ogro el otro? Y si es un ogro, ¿por qué no me separo de él?

Estas personas creen que si dicen o hacen algo que el otro no quiere, van a dejar de quererlas. Y el miedo al abandono –otra fantasía de los cuentos de hadas- es tan fuerte que se pasan la vida sin disfrutarla, haciendo solamente las cosas que le gustan a la otra parte. Sin programas ni proyectos propios. Llegan a veces a desvalorizarse tanto que ni siquiera saben qué cosas les gustan a ellas.

Lo peor sucede cuando acostumbran a sus parejas a vivir de esa manera. Entonces, si por casualidad algún día se animan a decidir sobre algo, sienten terror. Porque ven en la expresión del rostro ajeno una especie de censura. ¿Puede esto ser amor?

Ni el rol de víctima, ni el de tirano. Ni el celoso, el provocador, el peleador, el que genera intrigas, el desconfiado o el sumiso son papeles propios de los enamorados. El amor es sano, éstos son arquetipos negativos que reflejan nuestros mitos, todos basados en nuestras inseguridades personales.

Pero no hay culpa en esto, así lo aprendimos desde la cuna. Situaciones similares a las que hoy nos toca vivir ocurrían en los cuentos que nos contaron antes de dormir, cuando teníamos entre cuatro y cinco años.

Los psicólogos junguianos cuando llevan a cabo su terapia, sugieren que todos, en alguna medida, nos sentimos muy influenciados por estos cuentos fantásticos. Dicen que el primer paso para superar una situación que se nos está haciendo inmanejable es reconocer cuál fue ese relato, y luego observar que estamos reproduciendo fielmente en nuestra vida las mismas odiseas que el protagonista. Como por fortuna sabemos cuál es el desenlace de la historia, entonces, en lugar de esperar con una actitud pasiva que ocurra inexorablemente lo esperado, tenemos la posibilidad de cambiarle el final.

Recién entonces le daremos un matiz más personal al cuento, pues lo habremos remodelado sobre la marcha. Con ese pequeño paso, quizá abandonemos una neurosis aguda que bastante dolor psíquico ya nos ha ocasionado. ¿No valdría la pena probar?

Otro causante de la infelicidad –y por desconocerlo culpamos al amor- es el deseo. El problema principal es que no podemos abolirlo, aunque muchas escuelas orientales lo propongan. No es posible. Forma parte de nuestra esencia de humanos. Deseamos todo el tiempo, y muchas canas verdes este pícaro le sacó a Sigmund Freud a la hora de formular su teoría.

Pero, ¿qué es el deseo? Roland Chemama en su "Diccionario del psicoanálisis" lo describe como *falta inscripta en la palabra y efecto de la marca del significante en el ser hablante*. ¿Te parece un trabalenguas? Intentaré desglosar la definición para que la entiendas.

Todas las personas (sujetos nos llama el psicoanálisis) tenemos un mensaje. El lugar de donde proviene ese mensaje se denomina "Otro". Se acepta entonces que *el deseo del sujeto hablante es el deseo del Otro*. Ahora bien, si se forma a partir del Otro, es una falta que no podemos ignorar sin que nos cause perjuicio.

De allí viene la relación que se hace con el deseo de lo que *hemos tenido y perdimos*. Siempre hay algo que separa al sujeto de ese supuesto objeto perdido. Entonces ese objeto, se transforma en la causa del deseo y es quien le da razón de ser.

El deseo hace que nos sintamos atraídos hacia algo, o hacia el recuerdo de algo. Si por ejemplo, deseo un perfume, todo lo que no sea un perfume voy a rechazar. Porque deseo y rechazo son instantáneos, se producen al mismo tiempo. El caso es que algunos de nuestros deseos son maduros y otros no lo son.

El deseo inmaduro se relaciona con el ego. Nos coloca en el centro de la situación siempre. Parece que el mundo gira alrededor nuestro y todos los demás están a nuestro servicio. No reconocemos que tienen sus propios derechos estos otros personajes que se relacionan con nosotros (y que son la clave de nuestra existencia).

El deseo maduro es totalmente opuesto. Me hace ser parte de un proceso evolutivo donde veo a todos como engranajes necesarios de una máquina. Me permite entender cómo funcionan las cosas en el universo, y por qué suceden –incluso- algunas que me disgustan. Si logro aceptarlas como son, tengo la posibilidad de desarrollarme y crecer. Porque se crece tanto desde el dolor y desde la insatisfacción como desde el logro de los objetivos.

Freud, fiel a su estilo, relacionó el deseo con la sexualidad desde el inicio. Decía incluso que el sueño es "la realización disfrazada de un deseo reprimido" por la censura o la moral imperantes, que se tiene desde la infancia, que jamás ha cesado y que sin que el sujeto lo sepa ha sido el determinante de su destino. Pensaba que el sujeto no desea modificar esa condición, y he allí el origen de la neurosis. *Los neuróticos viven de ficciones y mantienen su insatisfacción.*

Según Lacan, un destacado continuador de la obra de Freud...

> No hay otro bien que el que puede servir para pagar el precio por el acceso al deseo. La excitación real del sujeto en la persecución de lo que le satisface va entonces a tener como punto de obstaculización una falta, y un fantasma que en cierto modo hace pantalla a esa falta y que resurgirá en la vida sexual del sujeto.
>
> (Extractado del Diccionario del Psicoanálisis, Roland Chemama).

Esto nos permite entender que la excitación real de una persona siempre rodea un objeto que no puede alcanzar y esto origina la pulsión (esa fuerza psíquica, que nos motiva constantemente, que mientras para Freud es de origen sexual, para Jung es de origen vital).

A veces el deseo encuentra algunos obstáculos que debe eliminar, como suele suceder cuando dos personas se disputan el amor de una tercera. Pero, ¿se disputan el amor de una tercera persona o la genitalidad, la sexualidad, el contacto con aquella? Ya vimos que el amor siempre es compartido, y libre de sentirse por quien uno quiera, entonces no habría por qué competir.

Otro referente de la psicología transpersonal argentina nos recuerda que

> Una de las diferencias entre amar y desear es que el deseo se satisface exclusivamente con la obtención de lo deseado mientras que el amor encuentra el bienestar en el bienestar de todos los protagonistas. Y el amor le reconoce al obstáculo el mismo derecho de existir que le otorga al deseo para el cual lo es. Por ejemplo, yo deseo estar con María pero ella ama a otro hombre y esa decisión de ella me parece tan digna de ser respetada y considerada como mi propio deseo. Su decisión está en el mismo rango que mi deseo, aunque me duela.
>
> La sabiduría de las emociones, Norberto Levy.

Si no lo asumimos así y pensamos que debemos destruir el obstáculo para lograr nuestro objetivo nos haremos daño inútilmente. Sería como remar contra la corriente en medio de un huracán. Por eso tenemos que saber diferenciar la atracción física del verdadero amor.

La atracción más grande que se conoce es la pasión. Es intensa, visceral, suele confundirnos. No le interesa qué tipo de obstáculo podemos encontrar para satisfacer nuestro deseo. Trata de aniquilar el que sea.

En cambio, el amor, ya lo hemos visto, resuena en todos los oídos tan plácidamente que por fin nos permite entender aquel preciado Mandamiento de la Ley de Cristo: *Amarás a tu prójimo como a ti mismo*. La próxima vez, antes de confesar que amamos a alguien, tengámoslo en cuenta.

Ya viste que el amor no puede causar sufrimiento, y sin embargo algunas veces le echaste la culpa de tu dolor. Entonces te estarás cuestionando cómo tiene que ser ese sentimiento para que te haga sentir bien, para que merezca ser nombrado como tal. ¿Por qué no vas a la próxima página?

Capítulo 3:
Cómo identificar el verdadero amor

Los axiomas del amor.

Hay una serie de condiciones básicas que nos permiten identificar a simple vista cuándo estamos en presencia del legítimo amor. Es muy importante conocerlas para no caer en la trampa de considerar amor a otro sentimiento, quizás parecido, pero que en lugar de brindarnos alegría nos hará desdichados más tarde o más temprano.

Los psicólogos han pasado muchos años tratando de identificar estas características. Y al final, lograron ponerse de acuerdo. El asunto es que no siempre queremos cumplir las pautas necesarias para disfrutar a pleno de este sentimiento. Ése es el inicio de tantas decepciones.

Para que no nos ocurra nuevamente, sería bueno analizarlas. Vamos a necesitar una dosis de paciencia para aceptar algunas de ellas porque -como ya se dijo hasta el cansancio- la vida no nos preparó para ser felices, pero por sobretodo precisaremos tener mucha humildad, y que el ego no se entrometa a jugarnos una mala pasada. ¡Ánimo! No son tan difíciles como parecen.

I) La primera de estas claves nos lleva a mirar hacia adentro y reconocernos en primer lugar en la relación. Aunque suene egoísta. Pero en definitiva, pongámonos de acuerdo en algo: YO existía *antes* que la persona que amo aparezca en mi vida. YO existo *mientras* esa persona está conmigo en medio de una historia afectiva, y YO existiré *después* que esa persona pase por mi camino (si es que la felicidad termina).

Antes, durante y después del otro estoy YO. Pues YO he sido quien ha permitido que ese ser me acompañe en la vida. Difícilmente alguien me haya puesto un arma en la cabeza para obligarme a amar al otro. Y si por alguna razón me vi obligado a estar con alguien que no amaba lo suficiente, de entrada nomás sabré que no fue amor. Fue compromiso, quizás responsabilidad, o locura, o como quiera llamarle, pero no amor.

Y me veo en la necesidad de asumirlo, porque en definitiva sería inteligente de mi parte que me transforme en mi mejor amigo de una vez por todas. Porque soy YO el que tiene que quererse, aguantarse o soportarse el resto de su vida. Voy vivir conmigo toda mi vida. Y puedo transformar ese acto en una bendición o en una tortura. Pero no puedo negar esa realidad. No si estoy en mi sano juicio.

Por esta razón, puedo hacer muchas cosas conmigo, puedo hablar de mí, premiarme, descalificarme, considerarme exitoso o perdedor. Pero solamente YO puedo. Nadie me conoce mejor que yo, ni mis padres, aunque me hayan criado. Ellos no pueden invadir mis pensamientos, ellos no pueden sentir mis emociones. Creen que saben lo que es correcto para mi vida, pero es lo que ellos quisieran que yo haga con mi historia. No lo que es real.

Por eso, de mí depende. Puedo elegir qué hacer con esta afirmación. Puedo envolverme en alguna corriente pesimista —de las que hay tantas- y pasarme la vida en medio de una queja por la mala suerte que me tocó, o puedo intentar algo para modificar mi destino. Siempre elijo. La paradoja radica en que, siempre elijo lo mejor para mí, aunque no lo parezca. Todos hacemos en cada momento lo mejor que podemos, sino, haríamos otra cosa.

Si no decido yo mismo por mí, el universo inmediatamente encontrará quien tome las riendas de mis asuntos. Porque no estoy descolgado del mapa, habito en un planeta en constante expansión donde todo tiene un ritmo obediente a la evolución. Y por más que quiera, no puedo pararlo a mi antojo.

Moraleja: debería respetarme más. Aprender a oírme, mirar hacia adentro más veces de las que acostumbro para encontrar la clave de mi felicidad. Porque yo no puedo engañarme a mí mismo, yo sé *qué* necesito para ser feliz. ¿Por qué voy a ir detrás de algo que no quiero consumir? ¿Qué me impide tener coraje para desafiar lo que sea con tal de realizarme como persona? Y si no puedo solo con todo esto, también puedo pedir ayuda. La gente inteligente lo hace cada vez que necesita. Siempre que me hago cargo de mí mismo corro el riesgo de perder el Norte. ¿Por qué no? Bueno, puedo comprarme una brújula.

Una buena idea sería que con cierta regularidad realice un auto-cuestionario, en el que me interrogue cómo me encuentro, qué cosas pienso, qué creo que es lo que me hace falta, qué quiero hacer en esta etapa de mi vida, si algo trágico me está sucediendo, si puedo o no manejar ese asunto, qué me impide remediarlo. Conviene que siempre sepa qué tengo a favor y qué en contra en cada momento, y también que me anime a preguntarme algo que es esencial: ¿qué he aprendido de esta situación?

Hacer esto me va a indicar con qué cuento para mi desarrollo como persona, las dificultades y las ayudas que encuentro en el camino, y el aprendizaje. Siempre hay uno, en toda situación que atravieso.

El autocuestionario me permitirá conocerme mejor, y al hacerlo, respetarme. Yo soy así y punto, caramba. Y si a alguien le molesta que no me mire, que no me trate, que no me salude. O que haga un esfuerzo para soportarme. ¿Por qué tengo que dejar de ser lo que soy para vivir la vida como quieren los demás? Si apenas estoy concentrándome en ser yo mismo.

Muchas veces no hacemos este trabajo personal por miedo a pare-cer egoístas. No es éste el fin del autocuestionario. Nada puede tener de egoísta que yo encuentre mi esencia. Más bien se empa-rentaría con el amor propio, sincero y honesto. Que yo me descu-bra de una vez por todas y me anime a ser como soy no me da derecho a descalificar a nadie. No por eso voy a ser más que los otros. Pero al menos sé que tampoco soy menos que los demás.

Soy el protagonista de este film. Es la historia de mi vida, y además soy el director y el escritor de la película. Claro que va a haber otros personajes, de eso se trata. Pero el Oscar al mejor actor me lo llevo yo.

Lo bueno de entenderlo así es que una vez que logre reafirmar mi estima debo reconocer que el otro también tiene el derecho de pensar lo mismo. Que es como es y punto. Que le gustan las cosas que le gustan y no le gustan otras. Y que va a vivir el resto de su vida consigo mismo. Y es también actor principal de su historia. Y si por algún motivo va a cruzarse en mi camino –porque lo elige- tendremos un nuevo desafío: aunar criterios. Para compartir al final el premio, que sin lugar a dudas será nuestra felicidad.

A veces hacemos el intento con éxito, otras veces no nos gusta el resultado. Pero no podemos cambiar esta regla, no podemos vivir la vida del otro y abandonar la nuestra. Si el resultado es inferior a lo que esperamos, siempre, y atención: SIEMPRE podemos comenzar otro rodaje.

2) La segunda exigencia que plantea el amor se relaciona entonces con los demás. Porque nadie puede hacer todas las cosas solo. Para nacer necesitamos de nuestros padres, no podríamos crecer sin sus cuidados. Aprendimos las reglas de la sociedad interactuando entre amigos y maestros. Nos enseñaron un lenguaje, costumbres y dogmas que son válidos para la mayoría de los habitantes de nuestra sociedad. Vinimos a este mundo y nos iremos de él en medio de la interdependencia. Todas nuestras acciones se basan en ella.

Sin importar qué lugar ocupen en la escala social, los demás seres son imprescindibles para nuestro desarrollo. Incluso el éxito es una resultante de nuestros vínculos. Las personas triunfadoras reconocen que lo mejor que tienen es su sociabilidad. Si se les pregunta a algunos actores o empresarios de prestigio cómo llegaron al lugar que hoy ocupan, seguro nos responderán que *cierta*

vez conocieron una persona, que a su vez conocía a otra persona...
(y así se inicia la propiedad transitiva) *que fue fundamental para su crecimiento.*

La interdependencia nos enseña que las relaciones más cercanas son las más importantes, porque reflejan nuestros condicionamientos internos. Nuestra familia, nuestros amigos, las personas que nos quieren, nuestros romances. Todos aquellos con los que nos llevamos bien están expresando la parte positiva de nuestra conciencia. En cambio los otros, los que nos molestan, censuran o critican sólo nos hacen el favor de mostrarnos nuestras zonas erróneas. Y conocerlas nos permite modificarlas. Los demás siempre tienen un mensaje para nosotros, hay que saber oírlo.

Pero cuando queremos amar y sentirnos amados tenemos que afinar al máximo la cuerda de nuestros vínculos. Lograr un clima armónico donde nos rodeen personas que nos nutran espiritualmente y hacer un ayuno emocional para alejarnos de aquellas que son tóxicas.

Así como solemos ayunar para depurar el organismo, podemos hacer lo mismo con los criticones, malintencionados y chismosos que sólo nos retrasan. Agradecerles que nos hayan mostrado el camino por donde NO queremos ir y dejarlos en libertad para que sigan haciendo de las suyas por otro lado. Son libres de vivir como les plazca. Esto nos va a ayudar a simplificar la vida. Vamos a tener más tiempo para invertir en lo que realmente nos importa, que puede —por qué no- ser un proyecto afectivo.

Esta enorme red se relaciona además con lugares, ciudades, culturas, etc. No solamente con personas. Entonces, como parte de ese ayuno emocional que te propongo podrías comenzar por eliminar todo aquello que esté ocupando en tu vida un lugar innecesario. Sea lo que fuere. Con amabilidad y cortesía, pero realiza los cambios. Algunas personas, situaciones o lugares no tienen por qué estar más en tu agenda si no te hacen feliz.

Toma lo mejor de cada persona o lugar y deja ir el resto. No sientas culpa por ello, no es bueno conservar en nuestra vida recordatorios de malos momentos. Siempre habrá, al lado nuestro, gente que tenga más ganas que otra de aportar a nuestro progreso. Toma entonces esa ayuda que te ofrecen algunos y descarta lo que está siendo un obstáculo. Y si al inicio no encuentras cerca algunas personas positivas, tómate un tiempo para estar solo. No está mal hacerlo, sirve para reordenar los asuntos y hacer un nuevo autocuestionario que, de paso, nos ayude a entender cuál es nuestro lugar y cuál el de los demás. Porque podrías incluir cuestiones como ¿será que amo realmente a alguien?, ¿a quién? ¿Y alguien me amó?, ¿alguien me ama?, ¿en quién pienso cada día?, ¿a quién deseo? ¿Quién me acompaña en este momento de mi vida? ¿Estoy extrañando a alguien últimamente? ¿Me cuesta olvidar a alguien? ¿Quién quiero que me recuerde?

Esto me permitirá descubrir mis vínculos. Los que me ayudan y los que me perturban. Los que debo incluir en el ayuno emocional y los que tienen que seguir a mi lado. Incluso si respondo *nadie*. ¿Por qué siempre tengo que necesitar a alguien? También es sano que elija algunas cosas para hacerlas solo. Pero es imposible que no me relacione con los demás. Para bien o para mal. Y el amor obliga a que exista otro para poder desarrollarse como sentimiento. Y encima, debe sentir algo muy similar a lo que yo siento. Porque no hay amor de uno solo. El amor de un solo lado es el egoísmo.

3) Otra clave necesaria para el desarrollo de una relación amorosa es aceptar que somos diferentes. Y esto no tiene que ver solamente con las diferencias sexuales, porque como vimos en el capítulo I se puede amar a alguien del mismo sexo. Se relaciona con aquellas cosas que yo, siendo auténtico, elijo para mi vida; y el otro, siendo también auténtico, no las quiere para sí.

¿Y aún así es posible amarse? ¿Por qué no? ¿Qué lo impide? ¿O acaso solo se puede amar lo semejante?

Cuando nos referimos al amor no nos olvidemos que tenemos que dejar abiertas todas las posibilidades, porque es una energía poco congruente con las ideas cerebrales, matemáticas, positivistas. Y suele conectar personas que son muy diferentes entre sí. Y muchas veces esa unión logra resultados sorprendentes porque uno aprende del otro aquello que le hace falta para su evolución.

Dicen que *el amor es ciego pero los vecinos no*. Esa sensación de ceguera que tenemos cuando estamos enamorados de alguien tiene un valor más alto del que generalmente le atribuimos. Y es espiritual. Sucede así porque en ese momento nuestro espíritu –que es perfecto- ve en el otro, algo más que sus detalles físicos. Contempla el espíritu del otro –que también es perfecto- y entre los dos sólo puede existir armonía. Porque tienen la misma naturaleza, porque están hechos de lo mismo. Porque en definitiva todos somos Uno.

Los que no son ciegos son los vecinos, ellos notan las diferencias más elementales: las físicas, las sociales, las culturales. Y son los que en definitiva se encargan de que los enamorados también las noten. Por eso no todos los romances florecen como quisieran. A veces no se ha ayunado espiritualmente lo suficiente y seguimos encontrando a nuestro lado personas que no quieren nuestra felicidad; y tienen la justificación en la punta de la lengua: ¿o acaso no nos dicen lo correcto? Puede que sí, pero depende el cristal con que se mire.

Puede que tengan razón en algunos comentarios, pero deberían callarse la boca. Porque no les compete. Ellos no son los protagonistas de esa historia. Y los espectadores de un cine no influencian en las secuencias fílmicas que ordena un director. Pagan su entrada y punto. Luego, aprueban o no lo que vieron, pero ya es tarde. Ya la película está filmada, y nadie va a volver atrás porque a pocos o muchos les haya gustado. Se la tienen que bancar.

Cuando los enamorados se dejan influenciar por los comentarios de los vecinos, yo sospecho que no es amor lo que sienten. Que es deseo, o cariño, o necesidad de contención. O cualquier otra cosa. Pero no amor, no puede serlo porque están priorizando los chismes de extraños a lo que sus espíritus les revelan.

El verdadero amor les hace ignorar esas diferencias porque forman parte de algo irremplazable del otro: su naturaleza. *Es así, y me gusta por encima de aquellas cosas que no comparto.* ¿Porque tiene otras que son más valiosas? Es una buena pregunta. O no, por ahí no las tiene. Y solamente lo respeto porque no quiero un clon. Quiero *otro* ser, no un espejo en el que pueda verme reflejado. Si quiero un espejo, me compro uno.

Muchas parejas logran ser felices pese a sus grandes diferencias sociales. Un parámetro valedero para medir si una relación sirve es el grado de satisfacción que proporciona. Si nos nutre, nos alienta, nos hace dichosos, si sentimos que tocamos el cielo con las manos, entonces sirve. Si por el contrario, nos llena de miedos, celos, insatisfacciones; si nos quita el sueño, si no nos deja comer, si sufrimos, lloramos (aunque sea una única vez) por su causa; si nos deprime o nos es indiferente, entonces habrá que pensar en separarse. Porque la relación en esos casos no sirve. Y estos indicadores nos tienen que ayudar a hacer un trabajo más profundo con nosotros mismos.

Si encontramos uno solo de estos síntomas tendremos que replantearnos mejor las cosas: reforzar nuestra estima, cambiar algunas programaciones mentales, pedir ayuda a un especialista. Cualquier cosa que podamos hacer para mejorar nuestra vibración será buena. No tenemos que dejar que pase mucho tiempo para hacer ese cambio, porque sino será peor más adelante.

Claro que resulta mucho más fácil amar a las personas que se nos parecen, porque como congenian con nosotros, no tenemos que hacer muchos esfuerzos para aceptarlos. Pero casi siempre nos tocan los otros. Porque el amor nos pone a prueba la paciencia, y de paso, hace más entretenida la vida. Entonces es bueno recordar que cada relación que tenemos es la perfecta y necesaria para nosotros.

Pero imperiosamente debemos mantener esas diferencias. Mientras dure la relación debe ser así. Porque en ellas está –aunque aún no lo entendamos muy bien- uno de los principales puntos de contacto entre los enamorados. No sería la misma relación si desaparecieran. Cambiaría radicalmente. Y podemos en ese momento llegar a descubrir que lo que realmente nos atraía del otro no eran sus similitudes conmigo, sino ese conjunto de cosas tan exclusivas que lo diferenciaban de mí.

Para saber si vamos por buen camino, es saludable que de tanto en tanto nos cuestionemos en qué hemos cambiado desde que conocimos a tal persona, y si esos cambios nos agradan o no, si nuestra manera de ser le sienta bien al otro o le hace sufrir, si las diferencias son un obstáculo o podemos reírnos de ellas, qué cosas podemos incluir en nuestra historia para mejorar la relación y sobretodo, honestamente formularnos la pregunta esencial: ¿sería lo mismo si no tuviésemos esas diferencias?

Recordemos que el amor jamás negocia las diferencias porque ellas están ahí desde el comienzo y podemos aceptarlas o no, pero debemos convivir con ellas. Así que lo mejor sería que lo tengamos en cuenta de antemano para evitar reclamos posteriores. Si algo nos perjudica demasiado porque altera todo lo que construimos en nuestro ser, o no se parece a lo que soñamos para nosotros, no tenemos que mentirnos. No sirve. Puede gustarnos el envase, pero no el contenido interno. ¿O no te sucedió alguna vez que compraste un perfume porque te parecía bonito el frasco y luego no soportaste su fragancia? ¿Qué hiciste en aquel momento con la esencia? ¿La botaste? ¿Se la regalaste a algún amigo? No hay diferencia en esto. Puedes hacer lo mismo.

4) El cuarto axioma que precisamos conocer para ser felices se basa en la aceptación. Y es el que posiblemente requiera de una mayor dosis de humildad y comprensión para entenderlo.

Dentro de los errores más comunes que aparecen como motivo de la separación de una pareja se encuentra el deseo que uno de los dos (o ambos) tiene de cambiar al otro. Muchas personas se lamentan de los defectos que tienen sus compañeros y buscan siempre algo que los modifique.

Y se lo comentan a todo el mundo. A quien quiera oírlos. Menos al más indicado: el otro. Y el otro no siempre es adivino, no tiene por qué serlo. Así que no se da por aludido de esta situación hasta que ya es irremediable.

Cualquier intento que hagamos por querer cambiar la manera de ser de nuestra pareja es inútil. Las personas cambian cuando quieren, o cuando pueden. A veces -cansadas de nuestros reproches- durante un tiempo se comportan de otra forma, pero les dura poco. Porque es su naturaleza la que las lleva en ese sentido. No lo hacen para mortificarnos. Así son felices, ésa es su energía. Y es importante que lo admitamos si no queremos vernos envueltos en una seguidilla de discusiones y conflictos que no le hacen bien a nadie.

Si por alguna situación vivimos teniendo roces con algunos aspectos de la personalidad del otro, lo mejor es plantear el asunto. Pero para eso tenemos que buscar el momento más indicado, cuando esté dispuesto a oírnos. Ten presente que nadie gana jamás una discusión, y si comenzamos nuestro discurso, y no entiende las razones, o no las acepta, será conveniente esperar otro momento para reanudarlo. Porque al cerrarse al diálogo nos cierra inmediatamente la posibilidad de compartir el problema. Y nos concierne a ambos el tema.

Cuando logremos por fin conversar, vamos a tener una chance de alcanzar una mejoría, pero ella sólo se dará en tanto y en cuanto el otro realmente crea que está equivocado. Y para ello puede necesitar un tiempo de reflexión que habrá que concedérselo. Y tendremos que aguardar, no podemos perseguirlo como un detective por la casa recordándole a cada momento que no está mejorando lo que le pedimos. No olvides que no va a hacer cambios substanciales, sino que tratará de tener otras conductas porque quiere evitarnos un sufrimiento. Pero si algo hace para mejorar, debemos agradecerle con respeto, porque muchas veces no es lo que se hubiera planteado por sí solo.

Casi siempre, las quejas hacia el otro están demostrando nuestra necesidad de contar con él, con su estilo, con sus manías, con aquello que incluso catalogamos de defecto. Otras veces, nada más nos quejamos porque somos intolerantes y hay una parte de nosotros que necesita sanarse para seguir evolucionando. No puede ser que todo nos moleste del otro. Quizás la inconformidad es con nosotros mismos y el ego no nos permite darnos cuenta.

No quiere decir esto que solamente hay amor en aquellos casos donde todo está en armonía las veinticuatro horas del día. Por el contrario, la fuerza coercitiva del amor es capaz de unir polos opuestos.

Pero si notamos que el otro no mejora algunos aspectos y se está estancando con ello, y vemos que realmente le hace daño y que podemos darle una mano, -siempre y cuando no sea un capricho personal sino un acto de altruismo- podemos usar una fórmula muy eficiente: cambiar nosotros mismos.

Tal vez estamos siendo muy permisivos en algún sentido, y malacostumbrándolo a una situación que está volviéndose monótona y nos envuelve en un círculo vicioso. Entonces, no permitamos más que avance el tedio, y directa o sigilosamente enseñémosle qué cosas puede hacer para revertirla. Fijémosle límites a la relación: cambiemos de actitud.

Cuando una persona cambia, la que está al lado inmediatamente cambia. Por ejemplo, si somos muy conformistas y siempre estamos diciendo que sí a lo que se nos propone, podemos comenzar a decir NO algunas veces. El otro va a notar que algo sucede. Y mantengámonos firmes en esa posición, pero amorosamente. Y si podemos, expliquemos las razones de la negativa. Pero demos ese paso.

Muchas veces somos permisivos por un extraño miedo que tenemos a que dejen de querernos. No nos creemos del todo merecedores de lo que recibimos y siempre estamos pensando que es una especie de milagro que estemos al lado del otro. Por esa razón dejamos que nos contagie todos *sus* entusiasmos y nos lleve a vivir *su* vida, como a él le gusta. Sería bueno que comencemos a darnos cuenta que el otro también elige. Y si permanece a nuestro lado debe ser por algo. Y que nos animemos a decir qué es lo que queremos. Jamás va a servirnos la manipulación. Además, si el otro decide irse lo hará con o sin nuestro consentimiento, y ¿de qué habrá servido que hayamos dicho tantos SI por temor al abandono?

Además, siempre nos queda un regusto amargo cuando hacemos algo a nuestro pesar. Siempre nos sentimos culpables de hacer aquellas cosas que no queríamos. Eso, en lugar de engrandecer la relación, la distancia. Hay que decirle siempre, y de manera muy simple (para que lo entienda bien) lo que se quiere, lo que se desea y lo que se necesita.

El cambio personal que hagamos va a contribuir al fortalecimiento de nuestra empresa afectiva, aunque al inicio sospeche de nuestros motivos verdaderos. O dude que lo podamos mantener. Siempre sucede que al principio el otro protesta bastante por la situación, porque suele alejarlo de ciertas comodidades a las que estaba acostumbrado. Pero si somos coherentes con lo que estamos haciendo pronto veremos los resultados. Y nuestra vida mejorará enormemente.

La sinceridad ante todo. Jamás mentirnos. Si no queremos algo, no tenemos por qué hacerlo. Y debe respetarnos esa decisión. Igualmente tenemos que proceder con las elecciones del otro. Y al momento de elegir compartir nuestra vida con alguien, tener cierto parámetro para asumir ese compromiso. Porque si bien es importante no cuestionar las diferencias, también es necesario que los extremos se encuentren en muchas ocasiones. Imagínate que eres una persona muy independiente y salidora, no resistirías demasiado si te unes a alguien demasiado hogareño y controlador.

Muchas cosas podemos hacer para mejorar el vínculo, pero allí donde el asunto se vuelve irreconciliable nos queda un solo camino, el de la aceptación. Si lo amamos, realmente lo entenderemos. Terminaremos incluso riendo juntos del tema. No será un obstáculo. Encontraremos la vuelta para convivir con él.

Entonces, cuando dejemos de querer cambiar al otro, volveremos a poner énfasis en nosotros mismos, en *para qué* estamos juntos, en cuál es el proyecto con el que comenzamos el rodaje de este film. En si *aún queremos* que se siga filmando, en lo valioso que ha sido ser protagonistas de todo lo vivido. Inmersos en nuestro proceso de elaboración interna, será mas fácil ayudarlo. Y el milagro del amor hará el resto.

5) El quinto punto a tener en claro se desprende del anterior (vemos que todos se relacionan entre sí, que no se entiende uno sin la presencia de los otros) y es la comunicación.

Ninguna relación puede desarrollarse si no cuenta con ella. El diálogo, el intercambio de experiencias personales, las ideas, las confidencias, la charla. Son maneras de llevar a cabo este axioma.

No tenemos por qué adivinar lo que le pasa al otro, aunque lo conozcamos bien. Es bueno que nos lo diga. Y que al hacerlo se sienta confiado en que encontrará en nosotros un par abierto a la posibilidad de departir. Que no lo descalificaremos.

De la misma manera, el otro tendría que estar tranquilo y saber que le comentaremos siempre nuestros asuntos: qué necesitamos, qué nos gusta, qué cosas nos interesan. Y que entre los dos armaremos un proyecto que incluya la mayor cantidad posible de realizaciones.

Pero no solamente hay que hablar de propósitos y cosas lindas. También hay que encontrar la manera de comentar nuestros miedos, nuestras necesidades, las cosas que nos angustian. Bien dicen que *una alegría compartida se multiplica, mientras que una pena compartida se divide.*

Nuestra comunicación con la persona que amamos siempre –aún cuando estemos disgustados- debe ser en buenos términos. No olvidemos que no estamos enfrentándonos con un rival, sino con la persona que elegimos para que nos acompañe en la vida. Y hay que exponer con claridad el mensaje para que no haya lugar a malas interpretaciones.

Nadie tiene la razón jamás. La razón es un ideal. Querer poseerla es como querer ser juez del asunto cuando apenas somos una de las partes. Si estamos convencidos que nuestro planteo es el acertado, lo mejor será que lo digamos de una manera afable y sincera para que el otro pueda comprenderlo. Si no lo hacemos así, no va a aceptarlo, y todos nuestros argumentos serán inválidos.

Por eso es bueno preparar el camino cuando queremos que alguien nos escuche. Podemos hacerlo de innumerables maneras, cada uno de nosotros tiene un sello que es personal. Pero lo ideal es comenzar con un ligero redondeo, no ir tan directamente al grano. Y en el inicio explicar lo mucho que nos interesa la relación y lo felices que somos a su lado, para luego dar paso al reclamo. Si el otro se molesta no conviene seguir en ese momento con el asunto. La discusión sería estéril. Habrá que esperar otra ocasión.

Decir nuestra parte de la verdad en medio de gritos o comportamientos necios solo va a servir para que ambos nos quedemos inmersos en una insatisfacción innecesaria.

La única manera de que el otro nos interprete es cuando le hablamos a su corazón. Es la parte más noble que tiene. Y es al lugar al que tenemos que acceder. Si no nos permite ese día, lo intentaremos más adelante. Para ese entonces, habremos puesto el orgullo en el bolsillo y replanteado nuestra estrategia. Quizá encontremos otro canal de comunicación que sea no verbal, quizá necesitemos poner en práctica alguna técnica metafísica. O quizá necesitemos el auxilio de los ángeles.

Si después de reiterados intentos por comunicarte, definitivamente sientes que has agotado todas tus posibilidades y que es el otro el que no quiere dialogar. Que no son tus maneras de proceder las que privan de algo tan elemental a la relación, va a ser bueno que pienses en hacer un cambio más profundo. El amor necesita basarse en el diálogo, sino estarías cada día despertando al lado de un fantasma. No serías su coprotagonista y sí su espectador, no tendrías importancia en la película de su vida. Y bueno, así no va la cosa... La solución es distanciarse. A veces con un tiempo alcanza para que el otro reflexione, (eso sólo se da cuando el otro realmente siente amor y está inmerso en alguna crisis pasajera) en otros casos es para siempre.

Por eso, nunca dejes de ocuparte de decir lo importante. Y estimula a tu pareja para que haga lo mismo. Con el correr de los años, cuando la juventud se les vaya de las manos, te darás cuenta que una buena comunicación es el mayor tesoro que pueden poseer.

6) Llegamos al ítem número seis. Que, como es habitual, se desprende del anterior porque para lograrlo es necesaria una comunicación fluida y amena. Se trata del pasado de cada uno, de los errores y los aciertos que hemos tenido. Del papel que juegan en esta nueva oportunidad. Y de lo que conviene que hagamos al respecto.

Lo que el árbol tiene de florido, vive de lo que tiene sepultado dice un viejo poema de Francisco Luis Bernárdez. Si logramos aprender de nuestra historia personal, esta nueva oportunidad de ser felices que ahora tenemos, será muy fecunda. Porque pocas cosas son tan enriquecedoras como tener un pasado bien vivido por detrás. Pero bien vivido y bien digerido. Sin que nos atormente el presente con comparaciones o reclamos. ¿Se entiende?

Todo lo que llevamos en la mochila sirve. Está colocado allí para algo. Es nuestra genética espiritual y física que se pone de manifiesto cada vez que recordamos. Porque en definitiva, recordar, no es otra cosa que pasar de nuevo por el corazón los momentos vividos.

Hay algunas personas que consideran que no es así porque argumentan que en el pasado tuvieron varios fracasos. No me gusta esa palabra. No la acepto. Son experiencias, maneras de cumplir con la fórmula de ensayo-error. El fracaso tiene sabor a derrota, desilusión, desdicha. Nos quita completamente las fuerzas. Hace falta a veces una energía sobrehumana para reponernos. En cambio, una experiencia, un experimento que no salió del todo como esperábamos, algo inferior a lo previsto, es menos negativo. Es otra manera de ver la misma realidad. Y se relaciona con nuestras programaciones mentales.

Por eso, lo ideal es amar nuestra historia. Buena o mala es la que tenemos, y es una de las únicas cosas que no podemos modificar, porque ya se nos fue de las manos esa posibilidad: el pasado ya pasó y es inútil hacer ironías con ello.

Pero si estamos conformes con lo que vivimos, y de una manera útil lo integramos a nuestra vida. Si en lugar de molestarnos podemos llegar a sentirnos orgullosos de nuestro pasado, otra será nuestra manera de encarar las cosas.

Jung advertía la necesidad de integrar los dos arquetipos más valiosos que tenemos todos los seres humanos: la luz y la sombra. Entiéndase por sombra todas aquellas cosas oscuras que nos molestan de nuestra historia personal. Que queremos olvidar y a veces no podemos, y por eso nos genera malestares muy similares a la neurosis (cuando no una de ellas).

Basándome en esa idea, creo que si integramos la parte difícil de nuestro pasado en lugar de querer negarla, podemos encontrarle una ocupación a eso que nos generó tanto sufrimiento. El dolor como camino hacia una experiencia nueva y revitalizadora. Podría ser una eficiente manera de asumir lo que nos pasa, y dejarlo como testigo, para no repetir la historia.

Si no defendemos nuestro pasado, y permitimos que los demás nos critiquen por haber hecho alguna cosa inoportuna, no podremos avanzar hacia algo nuevo, pues en cada ocasión encontraremos censuradores para nuestra felicidad. Hay que quitarles el poder diciéndoles que en esa ocasión hicimos lo único que se nos ocurrió, o lo mejor que podíamos. Es nuestro argumento y por lo tanto válido. Además de ser real. Si hubiésemos podido hacer otra cosa, la hubiéramos hecho.

Jamás vas a conformar a todos. Por eso, no te preocupes si alguien a tu alrededor te juzga por algo que hiciste antes y te salió mal. Puedes hacer dos cosas: reír con ganas del asunto —que de paso es muy terapéutico- o alejarte definitivamente de esa persona.

Lo importante es que te sientas conforme contigo. Que no te juzgues ni te critiques demasiado. Sería mejor que te perdones, que llegues a enorgullecerte de haber vivido todas esas experiencias. Si no puedes hacerlo solo, es buen momento para buscar un counselor o un terapeuta capacitado.

Y es conveniente que no trates de repetir las mismas equivocaciones con la nueva persona que encuentres. No vayas a los mismos lugares que ibas con tu ex, ni le digas las mismas palabras (ni en público ni en la intimidad) que usabas anteriormente. Trata de que el cambio sea completo. Dale un giro de ciento ochenta grados al asunto. Porque así evitarás la comparación, ya que son dos seres diferentes, y merecen ser tratados de diferente manera. Vas a tener que poner lo mejor de ti para crear situaciones inéditas. Agudiza tu imaginación, pon a prueba tu capacidad de inventiva y moldea tu propia felicidad.

Por último, hay un axioma que en sí mismo resume todo lo que hemos analizado, y al mismo tiempo les permite existir a los demás. Un axioma sin el cual no podría desarrollarse el sentimiento que da origen a este libro. Y que no siempre tenemos ganas de reconocerle su importancia. A veces incluso, si pudiéramos, lo eliminaríamos. ¿Cuál es?

7) El tiempo. Es imposible imaginar que una relación amorosa pueda llevarse a cabo en plenitud si no tiene el tiempo necesario para desarrollarse, si se la precipita, si se le quita la chance de reflexionar que sólo nos permite el tiempo.

A veces queremos eliminar este factor de la lista de condiciones porque confundimos amor con deseo, con pasión, con egoísmo. ¿Por qué tanta prisa? ¿Corro el riesgo de que alguien me lo robe? ¿Se va a terminar? Si no lo obtengo ya, ¡mañana no va a ser igual? El mito del amor a primera vista, o química pura como lo llaman algunos, nos introduce en la creencia de que el amor es mágico, fortuito, inesperado, repentino. Que lo podemos encontrar a la vuelta de la esquina y quedarnos extasiados con él, del mismo modo que el Príncipe Azul se prendó de Cenicienta en unas pocas horas de baile. Este mito no acepta la idea del tiempo como condicionante para la felicidad. Porque se basa en el deseo, en el arrebato, en la prisa.

No necesitamos entonces conocer profundamente al otro, al que va a compartir con nosotros la vida. No hace falta que el otro nos conozca, que sepa cómo somos para que pueda elegirnos con argumentos sólidos. Y si no hace falta que nos conozcamos, no tendremos por qué aceptarnos ni valorar nuestras diferencias, ni mucho menos *perder el tiempo* en reparar las equivocaciones del pasado. ¿Para qué? Si es ahora o nunca. Si mañana se puede fundir el mundo y no habremos tenido la chance. Si nacimos adultos, ¿no? No tuvimos que ser niños primeramente y transformarnos en personas mayores con el paso de los años. De nada valieron esas experiencias. Porque todo tenemos que poseerlo ahora y de inmediato.

Es imposible que el amor se desarrolle como por arte de magia de un momento para el otro. Así funciona el deseo. Nada más me hace falta pensar en un pedazo de torta de chocolate para que se nos haga agua la boca, y sepamos inmediatamente que es lo que queremos comer. O estar frente a un coche último modelo, con caja de seis velocidades, convertible, con un equipo de audio potente, para que sepamos que queremos conducirlo. Pero no amamos la torta de chocolate ni el cabriolet, los deseamos.

El amor que no tiene tiempo tampoco tiene espacio. Recorrer el universo físico y emocional de un vínculo requiere momentos, dedicación, estados de ánimo, disponibilidades, convergencias. Y eso existe en el tiempo. Cuanto menor es el tiempo de que dispongo, tanto más breve será mi recorrido. Si quiero evitar el tiempo que requiere mi desplazamiento desde un punto de partida a un punto de llegada, lo más eficaz sería eliminar el viaje. La consecuencia podrá ser, como ocurre con lamentable frecuencia, confundir la llegada con la partida.

Vivir en pareja, Sergio Sinay.

Eso pasa porque confundimos enamoramiento y amor. Y el primero es solamente la etapa inicial del sentimiento profundo. La que dura algunos meses, los iniciales. Y está signada por arrebatos de orden físico que comenzamos a descubrir como diferentes y que nos seducen. En el enamoramiento, salgo de mi rutina, dejo de hacer las cosas cotidianas porque ahora tengo una ocupación mejor: pensar en el otro. Aunque me quede horas sin hacer otra cosa que eso. Me lleno de ilusiones, me veo en lugares exóticos al lado de la persona que quiero. Quiero llenarle de regalos, complacerle en todo. Porque todo lo que me muestra me gusta. Y compro todos los números de su lotería, porque me quiero ganar solamente yo el premio.

Esto tiene una razón: en el enamoramiento, no vemos al otro como realmente es, sino proyectado por la lente de nuestros deseos. Vemos físicamente alguien que nos atrapa pero lo dimensionamos como nosotros quisiéramos que sea. ¿Qué no es cierto? No hay manera de que no sea cierto, si no le dimos aún el suficiente tiempo como para que nos muestre su verdadera personalidad. (Y me vuelve a servir un refrán: *toda escoba nueva, barre bien*).

Pero pasar del enamoramiento al amor, lleva tiempo. O sea que uno nunca comienza enamorándose de la persona que ama, comienza deseándola, apasionándose por ella. Uno termina por enamorarse de alguien si, luego de sortear esa etapa meramente física y enceguecedora, cuando la persona se muestra como realmente es, y como no va a lograr ser nunca, acepta que se quede a nuestro lado y somos aceptados para permanecer a su lado.

O sea que la clave está en el tiempo. Y en que ambos recorramos ese camino para conocernos bien.

Para darnos cuenta si estamos enamorados de alguien, o solo estamos apasionados por alguien, tendríamos que respondernos con sinceridad si pensamos que quien está al lado nuestro va a ser siempre como es hoy o va a cambiar; tendríamos que reflexionar qué cosas cambiaron no solamente en mí, también en el otro desde que nos conocimos, si tenemos miedo a relacionarnos de manera más directa con el otro, si tememos su abandono.

Nuestros vínculos, sin tiempo, estarían condenados a no existir. A ser efímeros. Tendrían la intensidad de una estrella fugaz. Porque no nos permitimos descubrir suficientemente la anatomía de nuestra naturaleza humana. ¿Cómo podría alguien saber si encontró el amor de su vida si no dispone de tiempo para conocerlo?

La falta de tiempo es la causa más común de las decepciones amorosas. Por eso hay tantos corazones destrozados. Tengo entonces que reconocer que ése fue el motivo por el cual yo necesité reedificar una y otra vez mi propia vida. Cuando por fin aprendí la lección, me dispuse a escribir este libro.

Ahora no tengo más prisa. Dejo que todo se desarrolle con la normalidad necesaria. Y me he puesto a hilvanar los pasos que recorrí, uno a uno, para escribirlos a modo de un diario de viaje. Puede que otros necesiten algún día hacer lo mismo. Les facilito el camino. Ojalá que no se pierdan en alguno de los tantos cruces queriendo encontrar algún puente. No se apuren... siempre se llega a destino. Y una vez disipados los nubarrones que ahora empañan la vista apurándonos el llanto, del otro lado del arco iris suele esperarnos el amor. A veces sucede.

Bueno, ya tienes el plano contigo, busca el sombrero y el parche de pirata y vamos a seguir esta aventura, vamos a continuar este camino que tiene como única recompensa ser un bálsamo para tu herida. No sé si hay otro, tal vez hay muchos, pero en la próxima página comienza el sendero más corto que yo pude encontrar.

Capítulo 4:

El proceso de ayuda

La terapia del duelo

Cuando nos damos cuenta que hicimos lo que creímos correcto pero no sirvió; que nos comportamos como lo haría cualquier otra persona de nuestro entorno, pero no logramos ser felices, nos invade una sensación extraña. De profunda tristeza, con tintes melancólicos y muy pocas ganas de seguir viviendo. *¿De qué sirve ganar si después perdés?* dice la letra de una conocida canción... ¿Qué hacemos con esto que nos pasa?

Nos invaden miles de preguntas, nos descalificamos, nos sentimos imbéciles, monstruosos, nos arrepentimos. O tratamos de justificar nuestra actitud tras una máscara egocéntrica que nos durará un breve tiempo, porque en el fondo, lo que no queremos es sufrir. Entonces, aquella idea de encontrar al otro como el único culpable de nuestra situación no va a ser la salida. Y tarde o temprano nos sentiremos vacíos.

Y es allí donde comenzamos a extrañar las cosas simples que nos aportó la relación; el mate compartido a horas insólitas, las caminatas por el parque tomados de la mano, el café poco humeante y sin azúcar, la manía de colgar las corbatas en orden decreciente, y tantas, pero tantas ceremonias que formaban parte de nuestra rutina y hoy no están.

Aunque nos cueste asumirlo, es difícil volver a casa y encontrarnos solos. Nos miramos al espejo y no nos gusta nuestra imagen. *Claro, por eso se fue, soy horrible, estoy gordo, no valgo nada.* El ego se apodera de nosotros y se ríe sin piedad al ver que logra su objetivo. Y no queremos vivir.

Ése es el inicio del más doloroso de los tránsitos por el que todos alguna vez pasamos, o pasaremos, sin lugar a dudas. Nuestro primer punto de contacto con una realidad que produce dolor. Un dolor que quisimos evitar porque no hemos sido educados para soportarlo. Porque nuestra sociedad exitista se encargó de hacernos entender que es negativo, no nos explicó que es apenas la otra cara de la moneda, que es normal, y hasta tiene un enorme valor terapéutico.

Tanto poder tienen nuestros pensamientos que llegamos a materializar ese dolor, y no hacemos nada para permitirle que se deslice en nuestra vida. Si nos diéramos cuenta que, como tiene principio también tiene final, sería mucho más fácil. Pero no, definitivamente no, no lo queremos, ni cerca ni distante.

¿Qué es el dolor?

Dice la ciencia que es nada más que una experiencia emocional – por eso es subjetiva- pero al mismo tiempo sensorial –eso ya lo transforma en objetiva- y desagradable.

Asociado a una lesión tisular o expresada como si ésta existiera, siendo el síntoma más frecuente por el que los pacientes consultan a los médicos.

Está vinculado a la enfermedad, que puede tener varias formas, ya que la percepción que tiene el paciente y la que tiene el profesional, son diferentes. Para el paciente es un síntoma más y para el profesional lo es todo. El dolor es sinónimo de sufrimiento, actúa como serial para buscar tratamiento y proporciona feed-back sobre el funcionamiento, dificulta la relación profesional-paciente y es una experiencia subjetiva (multidimensional e influida por factores biológicos). Está dentro de la experiencia displacentera porque deja huella en la persona.

Psicología de la Salud, Dolores Ribera Domene.

El concepto que tiene otra rama de la psicología presenta algunas diferencias, la Asociación Internacional para el Estudio del Dolor (IASP) lo define como *una experiencia sensorial y emocional desagradable, asociada con una lesión presente o potencial descripta en términos de la misma.*

O sea que esta ciencia lo considera como algo subjetivo, pero no acepta que sea sensorial, sino una experiencia más compleja. Piensa que el paciente sabe la causa del mismo, por eso le da validez a su informe verbal y sostiene que el dolor es más agudo cuando mayor es el significado que adquieren los hechos sensoriales desagradables.

Lo que científicos y psicólogos saben, y en eso se ponen de acuerdo, es que nadie quiere atravesar una experiencia dolorosa.

Por eso, si en lugar de negarle al dolor la posibilidad de que se manifieste nos acostumbramos a verlo como amigo, como parte importante de nuestro proceso, nuestras chances de avanzar serían mayores.

Muchas veces nos duele la pérdida de alguien porque hemos generado una notable dependencia de esa persona. Y no queremos acostumbrarnos a vivir de otra manera. Pero el caso es que deberíamos darnos cuenta que de la única persona que tenemos que depender es de nosotros mismos. Porque somos únicos, y nadie puede vivir la experiencia por nosotros.

Avalamos el mito de la eternidad de las cosas, por eso prometemos en el altar *amor hasta que la muerte nos separe* y después no sabemos por qué lo hicimos: le culpamos al sistema que viene así desde hace tiempo y nadie lo corrigió. Pero, ¿qué culpa tiene el sacerdote si nosotros no estábamos obligados a prometer lo que no queríamos cumplir? Nunca vi un sacerdote en una ceremonia sacramental colocarle un arma en la cabeza a alguien para que dé el sí.

¿Y si nos pusiéramos a pensar que todo puede acabar un día? No necesariamente por la muerte. Las personas pueden decidir irse, terminar una relación. Puede el destino jugarnos una de sus pasadas y cambiar radicalmente todo lo que formaba parte de nuestras costumbres. O podemos ser nosotros quienes tomemos esa iniciativa. ¿Qué pasaría entonces? ¿Seguiríamos considerando una pérdida?

Perder es dejar algo 'que era' para entrar en otro lugar donde hay otra cosa 'que es'. Y esto 'que es' no es lo mismo 'que era'. Y este cambio, sea interno o externo, conlleva un proceso de elaboración de lo diferente, una adaptación a lo nuevo, aunque sea para mejor.

El camino de las lágrimas, Jorge Bucay.

Es el proceso que los terapeutas conocemos como elaboración del duelo. Y tiene cuatro etapas que son bien diferentes:

I) En un primer momento es necesario que el individuo acepte la pérdida. Que se haga cargo de ella. Le lleve el tiempo que le lleve. Cada proceso interno es único y no puede compararse con el de otra persona por más que hayan sufrido lo mismo. Y es necesario que —si está guiado por un terapeuta- el profesional le haga entender que no hay estadísticas válidas para este momento. Que tiene que instalarse en el plano de la realidad porque es el que ahora vive.

Siempre que me consultan por un asunto de esta naturaleza les hago una comparación a mis pacientes que les ayuda mucho. Y de paso nos da una idea de cómo funciona nuestra sociedad en relación al dolor.

¿Se imaginan lo que le ocurre a una maestra, que tiene veinte años de servicio en el ejercicio de su profesión y se le muere el esposo, su compañero de toda la vida? ¿Qué hace la dirección del colegio con ese asunto? ¿Qué medidas toma? De acuerdo con la antigüedad que tiene en la institución, posiblemente le da una semana, como máximo diez días para que elabore su duelo. Y después necesita que vuelva a colocarse el uniforme y se presente a trabajar. Y que esté en condiciones para hacerlo. Porque sus alumnos la precisan bien, no tienen la culpa de lo que le pasó, y no pueden sentirse maltratados por el dolor de alguien que está pagada para enseñar.

¿Es triste no? Pero es real. Estamos obligados a superar rápidamente nuestras pérdidas afectivas porque el sistema nos quiere ver bien. No podemos tomarnos mucho tiempo para sufrir por la irremediable ausencia de quien fue el amor de nuestra vida y nunca más veremos.

Y eso ocurre cuando recién está inaugurada la primera etapa del duelo, en medio de los trámites funerarios, de las visitas de los parientes y amigos que se instalan en su casa por una semana, para hacerle compañía. Ni siquiera tiene tiempo para darse cuenta que *nunca más* es nunca más. Que el otro no volverá. Y en medio de esa turbulencia se le terminan los diez días que le dio el colegio y tiene que volver a trabajar. ¿Cómo hace?

Lo peor es que la segunda etapa la va a encontrar trabajando. Y tiene que atravesarla sí o sí. Si es que quiere superar la muerte. Este paso es el más difícil de todos porque, una vez que aceptó la pérdida tiene que sentir el dolor.

2) Sentir el dolor, que es agudo, que es mortificante, y que es real. Este momento está entonces acompañado de lágrimas, de reproches, de reclamos. Y a veces hasta pareciera que, si el otro resucitara, lo volvería a matar porque *me dejaste*. No estaba preparada para la ausencia, aún cuando el cónyuge tuviera una enfermedad terminante, siempre tuvo la esperanza de su sanación. Hizo de todo para ello, fue hasta el curandero buscando un milagro y ahora tiene que vestir de luto.

Recién después de sentir el dolor aparece el tercer paso.

3) Aprender a vivir sin esa persona. Organizarse. Buscar nuevas actividades. Otras cosas que la ayuden a erguirse. Quizás cambiar la cama matrimonial que ahora es demasiado grande por una de soltera. Quizás vender o regalar los objetos que le producen demasiados recuerdos y no le son útiles. Pero seguir trabajando.

Por fin, la cuarta etapa aparece...

4) Recuperar el interés por la vida y por los vivos. Y recién puede permitirse sonreír con más frecuencia. Se anima entonces a asistir a algún cumpleaños. No se siente culpable por ir al cine con sus amigas. Frecuenta nuevos círculos sociales. Su conversación ya deja de girar sobre el mismo tema, parece que es otra persona, diferente. Sabe que nunca será la misma de antes, pero sabe que tiene que seguir sola (al menos al principio) con su vida, que quizás fue una buena experiencia compartida, pero fue... no es más. Y sigue trabajando.

¿Cómo lo logra? Sabemos que las mujeres son un poco magas, por eso utilizo una de ellas como ejemplo. A los hombres a veces nos cuesta más. Pero no hay manera de lograrlo, independientemente del sexo, si no se programa el duelo.

Cada experiencia es diferente. Esta diferencia tiene que ver con la dificultad que tenemos para atravesar las cuatro etapas. Una pérdida es siempre un desafío para el que difícilmente estamos preparados, y que no podemos evitarlo.

Por eso, no hay pérdidas grandes y pérdidas chicas. Todas son pérdidas, todas afectan de una manera especial nuestra vida. Y todas necesitan el mismo proceso de elaboración.

La terapia del duelo nos ayuda a enfrentar esas situaciones irremediables con una óptica diferente y —aunque no nos guste aceptarlo- nos convence de que no existe pérdida sin ganancia, porque siempre se produce una mejoría en nuestro crecimiento personal. Aún cuando de trate de un divorcio o del fallecimiento de un ser querido. Porque el fin en algún momento vuelve a ser origen. Y se relaciona con el principio de la vida. ¿De qué vida? De la nueva, la que tenemos que vivir ahora. Aún cuando inicialmente no nos guste. Aún cuando no la hayamos buscado. Pero es la que hay que afrontar. Si salimos bien de ese proceso de cuatro etapas estamos en condiciones de recomenzar.

Pero no siempre se puede... Porque nos resistimos al duelo, porque queremos seguir aferrados a lo que tuvimos y ya no tenemos. Queremos que resucite, incluso alucinamos, lo vemos en cuanto rostro se nos cruza por la calle. O si se trata de un divorcio, seguimos esperando su retorno del trabajo, su buen o mal trato cotidiano. Y no admitimos la idea de que se fue, que nos dejó, que no quiere saber más nada de nosotros.

La única salida es aceptar la realidad y dejar de esperar que las cosas cambien. Es cierto que donde antes había una persona ahora sólo hay sufrimiento. Porque el dolor llenó ese vacío, y no es precisamente el elemento con el que hubiésemos querido llenarlo. Pero es el que hay. Y no hay otro. Por eso necesitamos que ese pesar nos alivie, porque sino seguimos inventándonos la misma historia y el otro no está, pero tampoco deja de estar. Lo mantenemos presente. Sólo nosotros lo vemos. Y así se hace todo más difícil, el peso es mayor, porque cargamos con todo ese bagaje de recuerdos y no hay manera de que se pueda dar marcha atrás.

Sería inteligente permitirle al dolor que haga su trabajo, que nos depure, que nos ayude. Tenemos que aprender a vivir con su compañía. Esto es parte de esa programación a la que hacía referencia. Y es necesaria.

¿Por qué? Porque si la relación fue real, también es real la ausencia. Y no podemos negar la realidad. No se trata de engañarnos, sino de auxiliarnos. Y para hacer frente a lo que ahora nos toca vivir hay que elaborar un plan.

Volviendo al ejemplo de la maestra, decíamos que ella tiene que volver a su trabajo a la semana de fallecido su esposo. Si tu caso es el de una separación, encima ni te darán esos días. Tienes que seguir trabajando con tu sufrimiento a cuestas. Y tienes que rendir, porque te pagan para ello. Y no estás en condiciones de perder tu empleo. Imagínate que a la pérdida afectiva tengas que sumarle la pérdida laboral. Sería un completo desastre.

Y encima de todo, te cuesta recomponerte porque lo extrañas. Y leíste todos los libros de autoayuda que encontraste pero no pueden con tu vida. No fueron escritos para ti. Todos te dicen que saques de tu vista sus fotografías y todo lo que tenga su olor o su perfume; que no escuches canciones tristes, que evites estar sola. Que no lo extrañes. Y yo vengo a decirte todo lo contrario, ¿qué clase de ayuda te puedo dar? Bueno, si te hubiera ido bien con los consejos de los otros libros no habrías comprado el mío, ¿no?

El problema por el que a veces nos demoramos demasiado en alguna de las etapas del duelo es justamente porque negamos el dolor pensando que si perdemos contacto con la energía del otro, eso será suficiente para que desaparezca del mapa. ¡Qué estupidez! Como si no invadiera nuestros recuerdos a diario, como si no se nos escapa su nombre de la boca en cada momento. Como que no sabemos de memoria su número de teléfono, su dirección, sus gustos.

El asunto no pasa solamente por retirar las fotografías de los portarretratos, sino por darte el tiempo necesario para extrañarlo. Es lo único que te va a ayudar a reconocer que si lo extrañas es porque no está. Y no va a volver. Y por eso hay que programar el duelo. Así como nos levantamos a cierta hora, desayunamos, nos cepillamos los dientes, vamos a trabajar. Así como, de tal a tal hora acudimos al gimnasio, acompañamos a nuestros hijos al parque, sacamos a pasear el perro, etc. Agendamos todos nuestros compromisos. Pues bien, de la misma manera tenemos que tener un espacio dentro de nuestra rutina para llorar.

Porque somos humanos, no máquinas. Y sufrir una pérdida es tan natural como almorzar, ducharnos o trabajar. Es algo que forma parte de la vida. No es una maldición ni el efecto de un hechizo.

Se siente y en todo el cuerpo. Por eso necesita algún momento específico. Sino invade todos los momentos. Ese es el tema.

Por ejemplo, si programamos nuestra mente para que se dedique a sufrir de ocho a nueve de la noche, así como la programamos para que esté lúcida en las mañanas porque tenemos que ir a la oficina, vamos a organizar mejor el duelo. Y nuestra mente sabe que tiene un momento para reventar de tristeza si quiere. Y no nos invadirá la melancolía cuando estemos haciendo otra cosa. Parece una insensatez porque, como ya lo dije y lo diré hasta el cansancio, no nos educaron para ello. No forma parte de nuestra cultura occidental. Pero la nuestra no es la única cultura.

Tendríamos que hacerlo, y tendríamos que respetar ese horario. No podemos permitirle a nadie que nos interrumpa en ese momento. No atenderemos el teléfono, no daremos ninguna cita, nos dedicaremos solamente a llorar. Podemos poner un disco con canciones tristes que nos recuerden la persona que perdimos, podemos releer sus cartas una y otra vez, podemos hacer todo lo que se nos ocurra en esa hora. Podemos incluso darnos más de una hora de permiso. Pueden ser dos o tres. ¿Por qué no? ¿Quién más capacitado que nosotros para medir la intensidad de nuestra pérdida?

Pero cuando llega el final del tiempo tenemos que salir de ese estado. Darnos una ducha, recomponernos y guardar los discos, las cartas, la ropa, hasta el día siguiente. Esos son nuestros elementos de trabajo ahora, y hay que ubicarlos en algún sitio, que no estén a simple vista, porque no vamos a volver a usarlos hasta el otro día en el mismo horario.

Si respetamos este código —aunque nos parezca demasiado infantil conviene no evadirlo porque opera en un determinado lugar de nuestra conciencia- vamos a poder cumplir con nuestras obligaciones cotidianas. Vamos a tener fuerzas para todo. Porque todo es una cuestión mental. Todo se procesa allí.

Y si no nos resistimos a alguna de las etapas, en poco tiempo estaremos reparados y podremos volver a empezar con nuevos bríos. Por eso no conviene oír a los entrometidos que nos dicen, *vos sos fuerte, ¡cómo no vas a poder salir de ese pozo!* o *a fulano le llevó menos tiempo, se nota que vos sos más débil.* Como si fuera una competencia de fortalezas, como si el tiempo de uno es directamente proporcional al tiempo de los demás.

Los que se creen capacitados para dar consejos siempre aparecen. Saben todo y de todo, leyeron todos los libros, les pasó algo peor siempre, o no quieren que vos vayas al terapeuta: *ahorrate el dinero, yo ya fui y total, te va a decir lo mismo que a mí, yo te cuento...*

Pero no se dan cuenta que tu historia es única, que a nadie más que a vos le pasa con esa magnitud y en ese momento. No les hagas caso, podés ser todo lo débil que quieras, podés demorarte todo el tiempo que desees en cada etapa. Pero lo que no podés es sortear alguna, ni estancarte. Si te das cuenta que te está siendo muy difícil el camino, también podés pedir ayuda, pero profesional no amistosa.

Leonardo Maldonado es el presidente del Colegio de Profesionales en Psicología Transpersonal de la República Argentina. Un destacado psicoterapeuta, considerado uno de los principales teóricos y sin duda el precursor de esta corriente en el país. Abusando de su generosa amistad, me permito presentar un test de análisis ante el duelo que es de su autoría, y forma parte de su clínica vivencial transpersonal.

Se trata de una serie de afirmaciones sobre las que cada uno debe interrogarse con absoluta franqueza. Y contestarlas otorgándoles un puntaje que varía del 0 al 3, considerando:

En absoluto: 0
Un poco: 1
Bastante: 2
Mucho: 3

Al finalizar el test, la sumatoria de esos puntos nos va a permitir conocer cuál es el área más afectada por el dolor en esta etapa de nuestra vida. Y con ese resultado, podemos plantearnos muchas alternativas para mejorar la situación.

Los enunciados son los siguientes:

Mi rutina ha cambiado mucho.
Mis conversaciones con otras personas se han deteriorado.
Mis proyectos ya no tienen sentido.
Mis ilusiones se han perdido.
El caos se a apoderado de mi vida.
Mi vida se ha vuelto insegura.
Mi mundo se ha vuelto caótico.
Mi mundo es ahora peligroso.
Ahora las personas me parecen extrañas.
Ya no entiendo a la gente.
Mi mundo ha dejado de ser confiable y seguro.
Mis actividades diarias no tienen sentido.
Mis conversaciones con otros ya no valen la pena.
Mis propósitos del presente se han perdido.
Mis planes para el futuro ya no tienen sentido.
Mi vida ha dejado de tener sentido.
Siento que he perdido parte de mí mismo.
Me siento vacío.
Me siento extraño.
Me siento irreal.
Me siento incompleto.
Siento que ya no soy el mismo.

Puntuación: (señala el área más afectada)

Mi realidad (1 a 12 puntos).
Mi sentido de la vida (13 a 17 puntos).
Mi personalidad (18 o más puntos).

Resumiendo, tenemos que enfrentar las pérdidas como lo que son y no como otra cosa. Son situaciones normales de nuestra vida. Y no son tabúes, podemos hablar de ellas, coquetear con ellas, hacer cualquier cosa, menos evitarlas.

Recordar que cualquier relación humana es temporal. Que de alguna manera, sea por causa de la muerte o por una separación, todas las parejas se disuelven, todos los proyectos pueden llegar a truncarse, todo lo que una vez inicia, alguna vez se termina.

El duelo es una emoción que surge cada vez que nos encontramos con alguna pérdida. Y es saludable, necesario, y lleva su tiempo recuperarse de él. Y si notamos que se nos hace demasiado pesada la carga, lo repito, podemos pedir ayuda profesional. No estamos enfermos, somos personas sanas atravesando una crisis. Pero el único modo de superar el dolor es caminando con él.

Y ese tránsito con el dolor a cuestas, nadie puede realizarlo por nosotros. Por eso, de nosotros depende verlo como un amigo o no. Creemos que es una tortura solamente porque no nos enseñaron a verlo de otro modo. La idea que tenemos de él es la que aumenta su imagen y la descalifica. Pero cuando avanzamos por su senda, raras veces la transitamos solos. Siempre aparecen aliados en el camino, tanto seres humanos como espirituales.

Por fortuna, al final, habremos crecido. La madurez se instalará en nuestras vidas y quizás hasta ayudemos a otros en su tránsito. Entonces el dolor se habrá transformado en otra cosa, y hasta nos animaremos a darle las gracias por su tarea.

De alguna manera, el proceso de ayuda se reduce a esta terapia. Los capítulos que siguen sugieren ideas que están enmarcadas en alguna de las etapas ya descriptas. Es interesante conocerlas porque son útiles para el camino. Podemos poner en práctica a todas, prescindir de algunas, inventar las propias. El mapa del tesoro sigue su ruta... ¿Seguimos transitando?

Capítulo 5:

En medio de la crisis

Qué hacer con lo que nos pasa.

Nadie comienza una relación afectiva pensando que va a fracasar. Todos, en mayor o menor medida hacemos muchas apuestas al futuro de nuestra pareja, pero no siempre resulta como queremos. Y una vez que estamos inmersos en el callejón sin salida de la angustia no solemos encontrar la brújula, y se nos hace difícil saber qué camino conviene tomar.

El divorcio, la separación o el distanciamiento de la persona que amamos, como toda crisis existencial, señala un antes y un después en nuestro camino. Pero lo que importa en el presente es tratar de que ese *después* sea lo menos angustioso posible. Y ello va a depender de nuestra postura, del aporte que hagamos diariamente para lograr que la paz se reestablezca en nuestros corazones.

A veces, cuando algo así nos sucede, nos quedamos mirando hacia atrás, añorando lo que tuvimos, o incluso culpando al otro por su partida. En otras ocasiones sentimos una enorme liberación, porque nos damos cuenta que no podíamos asumir ese compromiso como nos planteamos. Entonces es más fácil superar la pena, e inconscientemente desandamos la ruta más corta que existe. Pero no siempre pasa.

En uno u otro caso, siempre nos encontramos con un presente que no es igual al que estábamos acostumbrados. Y a la corta o a la larga, vamos a darnos cuenta que hay muchas cosas que tendremos que hacer para recomenzar el camino solos.

Cuando somos los hombres los que quedamos solos, al peso de nuestro dolor tenemos que sumarle los condicionamientos sociales de una cultura que cree que no nos cuesta tanto cicatrizar las heridas. Porque se espera de nosotros que salgamos antes del pantano. Como si el daño emocional —al que a veces se suman desórdenes judiciales- no significa tanto por el solo hecho de que pertenecemos al *sexo fuerte*.

Cuando son las mujeres las que llevan la peor parte, suelen recibir el apoyo y la solidaridad de todo el mundo. Porque se presume que detrás de sus lágrimas se oculta un sufrimiento real. Porque se las tiene como víctimas de esa especie de ogro en que solemos convertirnos sus acompañantes. Y porque nuestra sociedad es por tendencia consoladora del *sexo débil*. Entonces su duelo casi nunca lo atraviesan solas, siempre aparecen familiares, amigas, vecinos... Incluso los familiares del ex, a prestarle su colaboración. No siempre aceptan, pero que acuden, acuden, en la mayoría de los casos.

Este capítulo pretende servir de guía para todos, independientemente del sexo que tenga quien queda atrapado en la angustia. Es el resultado de la investigación de muchos autores que con su aporte, contribuyeron al desarrollo de nuestra crisis. La entendieron como necesaria y humana, y por eso se dedicaron largas horas a entrevistar pacientes que testificaron inmersos en la más oscura pesadilla.

Como quiera que haya sido el desenlace, nadie se encuentra al día siguiente con un total control de sus emociones, tranquilo y feliz. Todos tenemos alguna idea de por qué llegamos a ese extremo. Y justamente son nuestras ideas las que van a contribuir a que salgamos antes o después de ese estado.

¿Cómo hacemos para manejar una situación de estas? ¿Tenemos que abandonar —además de nuestra pareja- nuestro hogar, nuestras cosas comunes, nuestros hábitos de vida? ¿Cómo va a ser a partir de ahora nuestra rutina? ¿Qué explicación les daremos a nuestros amigos, a nuestra familia y a nuestros compañeros de trabajo? ¿Qué diremos cuando nos pregunten por el otro? ¿De qué manera va a influenciar esto en nuestra profesión?

A la aflicción que tenemos se le suman dudas, angustia y devaneos. Porque ahora hay una gran distancia entre el presente que teníamos y ese futuro que llegó de golpe, muchas veces sin preguntarnos si lo queríamos.

Lo más usual es que nos estanquemos en ese estado algún tiempo. Y que veamos todo muy oscuro, que queramos abandonar los proyectos más significativos por los que veníamos luchando, que restemos fuerzas a nuestras actividades cotidianas, que desaparezca el sentido de nuestras vidas.

Aparece entonces la culpa. El enorme miedo a dar el primer paso dentro de este nuevo territorio que no conocemos. Y decidimos callar. No queremos hablar con los amigos, evadimos el clásico almuerzo con la familia porque no estamos seguros de las respuestas que podemos dar ante cada interrogante. Cada vez que nos dicen *¿por qué pasó?*, sentimos esas palabras como amenazadoras.

Pero en la intimidad de nuestro cuarto nos invaden los propios cuestionamientos, que pelean entre sí por ser los verdaderos: *¿Esta persona es lo que yo me merezco? ¿Realmente me amó o me ama? ¿En que le fallé? ¿Por qué se comporta así conmigo? ¿No le alcanza lo que puedo darle? ¿Soy un imbécil por estar como estoy? ¿Podría haberlo evitado? ¿Tengo que ir corriendo detrás de ella y suplicarle que me perdone? ¿Cómo se vive con alguien así?*, etc.

Ante cada uno de estos reproches surge un castigo más grande del ego. Porque como no estamos del todo seguros si hicimos o no lo correcto, como no se nos había enseñado qué es ser feliz y cómo se ama, pensamos que metimos la pata.

Si yo hubiera llamado a fulanito, que ya pasó por algo semejante, y le hablaba de mi problema, ¿qué me habría aconsejado? ¿Qué será que sintió en ese momento? ¿Por qué habrá tomado él esa decisión? ¿Cómo recomenzó su vida? resuena en nuestra cabeza en medio de tanta incertidumbre...

Si yo hubiera llamado a fulanito... ¿Por qué no hacerlo? ¿Por qué no compartir esto que nos pasa con alguien que ya pasó antes por nuestro camino? Puede no ser el mejor guía para nosotros, pero es alguien que ya vivenció, y en carne propia, lo que ahora nos toca pasar a nosotros. Puede ser una primera salida... pero no tenemos que quedarnos solamente con eso.

Siempre que hay una duda debe haber una respuesta. Entonces, antes de seguir maltratándonos como lo hacemos, podemos llamar a fulanito y hacerle un cuestionario. No va a reírse de nosotros, y quizá hasta nos tire un par de datos. ¿Qué nos impide a hacerlo? ¿Por qué tenemos que bancarnos todo nosotros solos?

Después de este primer paso será más fácil hablar con otras personas de lo que nos sucede. Si un amigo me escuchó (o no) no ha de ser tan complicado ver qué opina un consultor psicológico. *Dicen que es más humano que un psicólogo* —suele ser la primera impresión, porque aún rondan muchos prejuicios acerca de la psicología-.

Se piensa erróneamente que el psicólogo está formado para atender a los locos, que no atiende personas sanas con dificultades, y nunca creemos que podemos necesitar alguno. *No, para mi problemita no, no es para tanto, ya va a pasar.*

De todos modos, el consultor, si está bien entrenado va a saber advertir si el asunto es o no patológico, y tendrá los recursos necesarios para derivarnos a otro especialista en caso que necesitemos más ayuda. Por eso, siempre es un buen comienzo.

Otra ocurrencia interesante es llevar un diario íntimo. Escribir en él todas nuestras impresiones con lo que nos pasa. Como nos salga, podemos o no compartirlo con el profesional que elijamos, pero siempre será un amigo sincero que no va a reprimirnos ni cuestionarnos. Como es pasivo (no tiene voz ni voto) aceptará a rajatabla lo que en él relatemos.

Podemos anotar en él —si necesitamos- un millón novecientas mil quinientas veces el nombre de la otra persona. De la *innombrable*, la que queremos borrar del mapa. Esa que, en menos de lo que canta un gallo, pasó de ser el amor de nuestra vida, a transformarse en la peor de todas las personas que se nos cruzaron en el camino. El diario es mudo testigo de nuestra bronca, es cómplice de lo que nos pasa. Y si llega a querer hacerse el loco, podemos amenazarle con hacer una buena fogata.

Y ya que tengo un amigo, un terapeuta y un diario... ¿por qué debería aislarme? ¿Soy un pecador que no merece el perdón de Dios por mi falta? ¿Soy la peor cosa que encarnó en la Tierra? ¿Qué me impide salir a la calle con la frente alta? ¿Sólo a mí me pasó una cosa de éstas?

¿Será que me va a hacer daño ir al cine? ¿Es muy complicado tomar sol en la costanera? ¿Está mal visto que disfrute un café con algunos camaradas? Si necesitamos compañía tenemos que pedirla. Los demás no adivinan. Y suelen dejarnos solos muchas veces porque creen que es la mejor manera de que procesemos lo que nos pasa. Otras veces algunos amigos se ponen insoportables, nos llaman a cada momento por teléfono y nos preguntan *¿seguro que estás bien?, ¿no te duele nada?, ¿vas a poder cocinar solo?* A ésos podemos matarlos.

Pero no nos conviene ser culpables de un crimen. Entonces, mejor pidámosles que nos den tregua. Que no nos asfixien, hagámosles saber que valoramos mucho su preocupación para con nosotros. Pero que si los necesitamos los vamos a llamar.

También es bueno estar un tiempo a solas con nosotros, para reflexionar sobre lo que nos pasa, y encontrar la forma en la que podemos afrontar el problema. Es la mejor manera de ir programando el duelo. No tenemos que aturdirnos todo el día con sonidos y luces estridentes. Somos humanos y no máquinas, no se nos termina la batería así como así de un segundo para el otro. En algún momento vamos a bajar nuestras defensas y será peor. Por eso, no neguemos lo que nos ocurre. No le permitamos a ese dolor que nos invada todos los minutos de nuestra vida, pero déjémosle que fluya en esa dirección de tanto en tanto.

En medio de este torbellino van a aparecer algunas razones que nos van ilustrarán el por qué de la nueva realidad. Y tenemos que oírlas sin juzgarlas, porque no estamos aún en condiciones de evaluar si son ciertas o no. Y nunca seremos los dueños de la total verdad. Cuando dos se separan hay dos cabezas que piensan al unísono. Y las dos encuentran motivos —casi siempre diferentes- para explicar los por qué.

No es lo más aconsejable, antes que buscar los por qué deberías detenerte a analizar *para qué* estaban juntos, si había algún proyecto en serio que se truncó o era por causa de la soledad. Pero como va a ser imposible evitar este paso es bueno estar preparados.

Varios motivos van a estar en esa lista de razones que aparecen en medio de la vorágine. El culpable de todo es nuestro ego, aunque el ego siempre trata de encontrar un culpable y una razón para su cometido porque no se quiere hacer cargo. Él es una especie de mecanismo de defensa, torpe, pero mecanismo al fin con el que nos alivia un poquito nomás la cosa. Porque no siempre es sincero. Tiene muchas tretas para desviarnos del verdadero objetivo que no es culpar a alguien, sino asumir que hay algo más que no pudimos manejar, y que no fue un fracaso sino una experiencia valiosa y necesaria para ese momento de nuestra evolución.

Llegamos a este estado por un sinnúmero de razones, a veces porque dimos por sentado que el otro ya sabía que lo amábamos y no era tan así... El otro necesitaba que se lo demostrásemos. *Dar por sentado* —dice Sam Keen- *es la causa principal de la mortalidad de las relaciones amorosas.*

Porque no nos enseñaron a amarnos. Nadie nos dio un curso acelerado de cómo se convive de a dos. Y si asistimos a un cursillo preparatorio para futuros esposos en alguna institución religiosa, se basó más en el valor litúrgico de los sacramentos y en el juramento de fidelidad que en una orientación práctica para resolver avatares matrimoniales cotidianos. No fundaron la escuela que gradúe personas felices. Eso aún falta.

Como generalmente hemos idealizado al otro, creíamos haber encontrado "la madre de nuestros hijos" o "el príncipe azul" del cuento, y nos cuesta aceptar nuestra decepción, no admitimos que ése fue el motivo de la ruptura. Por la proyección inconsciente que hicimos de nuestros deseos en el otro.

El gran problema de la pareja se resuelve cuando podemos llegar a conocer verdaderamente y a querer a esa persona con la que estamos. Pero lo que ocurre habitualmente es que no podemos ver a la persona real con la que nos encontramos, sino que depositamos en ella aspectos nuestros. Son aspectos rechazados de nosotros que proyectamos en la otra persona.

Amrse con los ojos abiertos, Silvia Salinas.

Y Fritz Perls añade:

El problema en el matrimonio comienza muchas veces cuando en lugar de estar enamorado de su pareja uno está enamorado de una imagen de lo que debiera ser su pareja. Ahora bien, es poco frecuente que la imagen y la persona verdadera calcen. Y una vez que se empieza a exigir lo imposible en la pareja, comienza el resentimiento, el juego de las culpas, las irritaciones y de cuanto hay.

Dentro y fuera del tarro de la basura. Fritz Perls.

Entonces se produce otra diferencia, alguien puede sentirse culpable y alguien puede hacerse cargo de sus acciones, sus palabras o sus omisiones. Lo asume. Cuando logramos esta segunda parte, tenemos un importante camino recorrido, estamos más cerca de salir del pozo.

Entretanto, conviene no perder de vista el timón de nuestro nuevo barco: nos distanciamos para terminar con una situación (queriéndolo o a nuestro pesar) no para seguir en ella, ni mucho menos para empezar otra peor. No importa si el otro nos amó mucho o poco, si reconoció nuestras valías o se burló de ellas. No importa lo que haga el otro, en este momento el otro es lo que menos importa. Importamos nosotros. Fortalecernos, avanzar. Lo que no se dio no se va a dar ahora. Hay una decisión de por medio, aunque sea de uno de los dos, pero la hay. Y conviene respetarla. Perseguir al otro solo complicará más las cosas. Así que, no debemos llamarlo por teléfono, ni escribirle un e-mail, no vigilaremos sus lugares, NO haremos nada que le falte el respeto, aunque nosotros sintamos que él fue quien nos faltó el respeto a nosotros. NO a la venganza.

Ese revanchismo es inútil y solo acarrea más desgastes.¿Para qué exponerle a algo así a nuestro corazón que ya está cansado de sufrir?

Tampoco tenemos que dejar que nos cuestionen. Ni las conductas actuales que tenemos ni las que —según creen- ocasionaron la ruptura. Todos hacemos en cada momento lo mejor que podemos. Si pudiésemos hacer otra cosa la hubiésemos hecho. Evitemos esos climas hostiles. Sepamos que ya se les va a pasar, que necesitan tiempo. Y quizá alguna vez podamos incluso llevarnos bien desde otro plano, o quizás no. Pero no caigamos en ese juego.

Esta aclaración la hago extensiva al entorno del ex, padres, amigos, compañeros de trabajo, hijos, ministros religiosos o quienes sean. Tenemos que dejar de conformar a todos. Apenas podemos con nosotros mismos, basta ya de pagar platos rotos.

Sólo podemos contar con los aliados, los incondicionales. Aquellos que suelen aparecer en estos momentos y que no nos preguntan cómo nos sentimos sino que nos prestan su hombro por si nos hace falta. A veces son extraños, ni siquiera los viejos amigos. No hay problema con ellos. Para eso aparecieron, son lo más semejante al ángel de la guarda que podemos tener en esta etapa. Y nos sostienen, vaya que lo hacen.

Cuando logramos superar este paso, podríamos reparar en nuestra biología ¿no les parece? El organismo puede estar necesitando un recauchutaje. ¿Cómo andamos de salud? ¿Qué tal un chequeo médico? Es buen momento para decidirlo, porque el cuerpo es uno de los componentes de nuestro ser, y ya vienen demasiado heridos la mente y el espíritu. Podemos tener una sorpresa desagradable si no lo revisamos.

Y ya que estamos, ¿tenemos canas?, ¿nos sentimos bien con ellas? No siempre es así. El paso de los años es inevitable, se refleja en el rostro con las arrugas y en el cabello con esos hilitos blancos que empiezan a aparecer y pocas veces parecen reflejos. Si no nos sentimos armonizados con nuestro físico tenemos que repararlo.

Esto se hace extensivo a los kilitos de más, porque ahora la comida pudo haber variado. En medio de nuestro problema quizás no nos alimentamos como corresponde y nuestras alacenas sólo albergan latas y comida chatarra. La cerveza, el vino, el desarreglo alimenticio, el fast food amable que nos salva del horrible rito de cocinar para uno solo; todo ello pudo haber contribuido a nuestro sobrepeso. Es momento de hacer algo.

Clubes, gimnasios, piletas de natación, caminatas, trote... tae-bo, aero-box. Lo que se te ocurra. Y de paso yoga, reiki y control mental. ¿Probaste alguna de estas variantes? Son complementos muy valiosos si están suministrados por profesionales serios, y por fortuna en nuestros países latinos los hay, y muchos.

La salud incluye otras áreas más. La música -por ejemplo- que tiene que estar acorde con nuestra nueva vida. Sabremos nosotros si queremos oír pop o algo más lento en estos momentos. Pero tenemos que revitalizar todos los ambientes y la Musicoterapia es buena aliada. Interesante es recordar que toda canción que tenga más de sesenta compases por segundo, a la larga produce estrés. Por eso hay que variar los ritmos, no todo el día conviene que oigamos rock progresivo. Sólo cuando precisamos una inyección de energía.

Renovar el atuendo es la otra apuesta, no necesitamos cambiar nuestro estilo de vestir si es *nuestro*, si no fue impuesto por el otro. Tenemos que sentirnos cómodos, no ridículos. Libres, seguros de nosotros mismos, joviales. No importa el sexo que tengamos, necesitamos invertir un dinero en nosotros. Es muy saludable.

Superada esta nueva etapa ya tendremos un poco de vitalidad y armonía. Claro que aún no estamos del todo íntegros, pero se asoma una sonrisa en medio de tanto rictus. Y podemos aprovechar para hacer un ritual metafísico.

¿Cuándo conviene? Una noche cualquiera, en la que nos regalemos una cena privada, a solas con nosotros. Descorchamos una botella especial, preparamos la pasta que nos gusta y brindamos por la vida. En medio de la comida le agradecemos al universo porque estamos yendo hacia adelante, y le pedimos que nos dé coraje para lo que aún falta.

Y con la música elegida para la ocasión, sonando de fondo, comenzamos a indagarnos hace cuánto que no vivíamos solos, qué es lo que ahora nos llama más la atención de nuestro hogar, qué cosas podemos llegar a hacer que antes no podíamos porque estaba nuestro ex, ¿nos animamos a hacerlas?, ¿por qué al menos no intentamos hacer alguna durante la próxima semana?

Tratemos de ser honestos con las respuestas y de buscar el matiz más positivo que encontremos para facilitar el cambio que está naciendo. A veces hay cosas que nos resultan más pesadas que otras porque se las habíamos atribuido al sexo opuesto, como algunos trabajitos de plomería en el caso de las mujeres, o la cocina y el planchado de la ropa en el caso de los hombres. Pero esos también son mitos. Y siempre podemos conseguir los profesionales adecuados para encargarles la tarea que no nos gusta hacer.

Sería óptimo que una vez al mes -como mínimo- nos demos esta oportunidad. Pero a solas, y que podamos ir agregando nuevos interrogantes en cada ocasión. Así iremos llenando los espacios vacíos que suelen desestabilizarnos, porque ya nos resta poco... ya se observa el punto de llegada, y vamos a buena velocidad.

Estamos ingresando en la última de las cinco fases que –según el psicoterapeuta Herb Goldberg- atraviesa un ser humano durante el proceso de ruptura:

1) *Reacción de incredulidad y protesta* (cuesta creer que tengamos que separarnos, nos rebelamos contra esa idea, solemos pensar que una discusión oportuna solucionará el conflicto y aclarará todo).

2) *Desconsuelo e intento de reparación* (lastimados como estamos, queremos causarle pena al otro, porque pensamos que si nos ve sufrir va a cambiar su postura).

3) *Autoculpa y propósito de cambio* (como no notamos un cambio en la actitud del otro empezamos a culparnos por haber llegado a ese extremo, queremos cambiar. No oímos a nadie que nos diga lo contrario, tenemos la esperanza de que vuelva).

4) *Fin de la esperanza, síntomas de crisis* (nos damos cuenta que es irreversible, mal que nos pese nada podemos hacer para remediarlo. Nuestra estima anda por el suelo, nos sentimos solos, nos duele hasta el alma. A veces incluso el cuerpo somatiza ese sufrimiento. Solemos pelearnos con personas valiosas porque tenemos mucha rabia).

5) *Resurgimiento social y emocional* (a cada uno nos llega este momento en tiempos diferentes. Nos recuperamos, reorganizamos nuestra vida, tenemos una nueva visión de las cosas. Quizá esto incluya otra clase de relación con el ex, más amigable, y al redescubrirnos mutuamente sintamos alguna clase de culpa por no continuar en pareja, pero no con la misma intensidad de antes. Nos ponemos más salidores, y hasta nos relacionamos íntimamente con nuevas personas).

A muchas personas les toma bastante tiempo volver a reconstruir su vida afectiva porque suelen priorizar otras actividades, algunas de las cuales habían abandonado por pedido exclusivo del otro y ahora que se reencuentran consigo mismos deciden darse el gusto. Son hábitos que nunca tuvieron que abandonar, son buenos hábitos. Por ejemplo, jugar al fútbol con los compañeros del secundario, ir a tomar el té con las amigas, etc.

Otras personas suelen encontrar ocasionales compañeros de cama, *salvavidas* para descargar toda esa energía acumulada. Y es saludable que lo dejen bien en claro para no correr el riesgo de que esos amantes se enganchen demasiado en la historia. Si ustedes no buscan enamorarse no permitan que alguien se les enamore.

¿Y qué va a pasar con mi ex? ¿Esa es la nueva pregunta? Constance Ahrons y Roy Rodgers creen que puede ocurrir alguna de estas posibilidades:

1) que se transformen en perfectos camaradas, respetuosos y amigos;

2) que sean colegas que cooperen, pese a su poco contacto pero sin conflicto;

3) que el rencor los asocie porque aún les dura el enojo y se pelean hasta por el dinero o los bienes en común;
4) que la enemistad los enceguezca y si tienen hijos los usen como trofeos de guerra;

5) o que disuelvan definitivamente el vínculo y nunca más se crucen, que alguno de los dos se mude a otras latitudes y así dan por finalizada la historia.

Las familias divorciadas: Enfrentando el desafío de divorcio y segundas nup-
cias, Constance Ahrons y Roy Rodgers.

Pase lo que pase, si aún sentimos bronca por la distancia, intentemos desaparecer de escena. Si hay bienes en conflicto dejemos
que ese asunto resuelva un buen abogado. Por nada del mundo
pensemos que el otro ahora va a entrar en razones y entenderá lo
que se negó a entender un tiempo atrás.

No hagamos reproches ni oigamos nada que nos descalifique.
Pongamos el orgullo en el bolsillo trasero, que no se trata de ga-
narle la batalla a un enemigo, recordemos que esa persona que
nos causa tanto daño antes la habíamos elegido para que nos pro-
vea felicidad.

Tampoco conviene malgastar energía en continuar el vínculo dis-
frazados de amigos o compinches. Usemos esa fuerza para reor-
ganizar nuestros asuntos personales y nada más.

Aún cuando quedemos en buenos términos, no lo incluyamos en
proyectos futuros. Es nuestro ex, tengamos eso siempre en la mente. *Ex quiere decir algo que ya fue.* No podemos seguir pegados a
todas las personas que se deslizaron por nuestra vida.

Una vez que nos demos cuenta que esto es así, tendremos muchas
expectativas acerca de nuestra nueva vida de solteros, sobretodo en
lo que respecta a la sexualidad. A veces nuestras ganas de volar
serán utópicas, pero siempre estaremos en la búsqueda de alguien
diferente. Querremos huir compulsivamente de la soledad, quizás
nos comportemos como adolescentes en algunos casos y hasta
sintamos una especie de omnipotencia.

Es normal que así sea por un tiempo. Luego todo volverá sobre su
cauce. Son desarreglos que suelen llamarse *compensatorios* por las
pérdidas emocionales que tuvimos que afrontar.

Es interesante saber que el distanciamiento de una pareja siempre permite que nos desarrollemos personalmente y crezcamos. Y una vez que desenvolvamos todas esas potencialidades que estaban postergadas, que usemos todos los recursos que parecíamos no tener, -aunque cueste entenderlo inicialmente- aparece la apertura a una nueva posibilidad.

Esta nueva posibilidad no significa que inmediatamente volvamos a estar unidos con alguien.

Existe posibilidad de enamorarse, de hacer una elección más acertada, de tener éxito en una nueva relación; existe la posibilidad de recuperar la dignidad, de enmendar un error, de redefinir la condición de adulto, las metas, y aplicar lo aprendido en la anterior experiencia; existe la posibilidad de crecer psicológicamente y de ser una persona mejor, se forme o no una nueva pareja.

El inesperado legado del divorcio, Judith Wallerstein.

Si el sufrimiento que tuvimos nos pareció único, es bueno que sepamos que muchas personas pasaron antes o pasarán después por lo mismo. Y prácticamente todas lo superaron. Lo que terminó fue solamente un vínculo, aunque...

Los primeros meses que siguen a un divorcio son siempre un período que se vive con infinita nostalgia. Ni siquiera los maltratados, los engañados, los abandonados, los rechazados, los que reivindican su libertad, los que buscan su tranquilidad y los locamente enamorados que son esperados en otros nidos por otros brazos, ni siquiera éstos saltan de alegría, ni duermen a pierna suelta en una gran cama en exclusiva, ni proclaman por los tejados la buena nueva. Aunque hayan deseado su divorcio, aunque algunas veces han peleado durante meses o durante años para librarse de unas relaciones que los socavaban y los abrumaban, también ellos suspiran en lugar de espirar. Porque ya nunca volverán a tener lo que antes tenían.

La segunda vida de las mujeres, Christiane Collange.

Siempre podemos hacerle un boicot al duelo bloqueando nuestro dolor, saliendo, buscando nuevas experiencias sexuales, tratando de sentir que no nos dolió, que estamos en perfectas condiciones.

Pero esa conducta no significa que estemos curados. El sufrimiento aparecerá tarde o temprano y tendremos que convivir con él. Por eso, mejor no neguemos lo que nos pasa. Es íntegro y valioso, como todo lo humano.

¿Cuánto va a durar el duelo? Linda pregunta, ya sabemos la respuesta. Todos somos muy impacientes cuando tenemos que afrontar lo peor. Dicen algunos especialistas que suele ser equivalente al diez por ciento de lo que duró la relación, pero no es algo que tengamos que tomarlo con precisión matemática. Los investigadores norteamericanos opinan que como máximo dura veinticuatro meses, en casos graves. La gravedad siempre va a estar influenciada por la sensación de fracaso que a veces nos invade. De allí la importancia de cambiar la palabra *fracaso* por *experiencia*.

Una vez que estemos en condiciones de recomenzar no tengamos prisa,   ¿sabemos lo que queremos? Ocupémonos de elegir lo que realmente queremos, pero también reparemos en aquello que no queremos.

Hagamos nuevamente algunas preguntas. Tengamos en cuenta nuestra nueva situación espiritual, económica, familiar, y nuestros cambios en todos los aspectos. Que nuestras malas experiencias no nos impidan volver a apostar, pero tratemos de ser más cautelosos en esta oportunidad. No olvidemos que tampoco hay garantía de nada en este nuevo intento, pero que en el peor de los casos, si volvemos a errar, recordemos   también que el dolor se puede superar.

Seamos ante todo realistas, aprendamos a pedir, usemos el ingenio para modificar las actitudes egoístas que tengamos, no nos quedemos aferrados a nuestro pasado. Y ante todo, digamos exactamente —y con claridad- qué es lo que esperamos, qué clase de vínculo queremos. Y también qué NO queremos, eso nos va a aliviar.

Y por nada del mundo, vayamos a prometerle el oro y el moro a nadie. Si creemos que tocamos el cielo con las manos con esta nueva posibilidad, desconfiemos de nosotros mismos. La peor inversión es comprar amor o compañía, o cualquier clase de afecto.

¿La sugerencia final? Seamos responsables de nosotros mismos. Así no caeremos en la trampa egoísta de la culpa. No permitamos que nadie nos reprograme la vida, no somos lavarropas públicos. La alegría volverá cuando tengamos ganas de ser felices. Se notará en nuestro rostro y no podremos negarlo. Mientras tanto, no está de más tomar algunas vitaminas, como las que me recetó un amigo y que están en la próxima página.

Capítulo 6:

Pastillitas para el alma

La medicación que hace bien a cualquier edad.

Sí, es momento de tomarlas. ¿Por qué las llamo así? Porque son inofensivas, hacen menos daño que las vitaminas. Sirven para todas las edades y condiciones sexuales. No tienen contraindicación con ningún tipo de tratamiento médico, vienen en dosis pequeñas y alivian dolores agudos. A todos nos pueden llegar a hacer falta. Son ideas, sugerencias. Son pastillitas para el alma. Voy a enumerarlas según el orden de importancia:

I) El primero de estos comprimidos tiene una directa relación con la naturaleza, nos habla de lo importante que es entender el ocio con el mismo concepto que los griegos antiguos. Para ellos, un buen trabajo se medía por la cantidad de ocio que podía proporcionarle a quien lo realizaba. De allí que son tan valiosas las vacaciones, sobretodo si estamos inmersos en una crisis. Qué bien nos hará dejar la mente en blanco algunos momentos y poder ocuparnos, por ejemplo, de la contemplación de los fenómenos que están diariamente a nuestro alrededor y no siempre vemos.

La vida, de la manera en que últimamente la estamos viviendo va en detrimento de la salud; nuestro sistema nervioso está muy desgastado, quizás hemos tenido insomnio, fatiga, o por el contrario, nos cuesta conciliar el sueño por las noches.

Cualquiera sea la estación del año siempre es bueno pensar en el ocio creativo. Pero lo que juega en contra es el pensamiento que tiene nuestra cultura de ese necesario solaz, pareciera ser que si no estamos produciendo, ganando dinero en alguna tarea, seremos mal vistos.

La moderna medicina, la psicología y las terapias complementarias siempre resaltan lo interesante que es tomarse unos días para no hacer nada. Para estar en contacto solamente con nosotros, para regenerar nuestras funciones vitales.

Si podemos contemplar el sol -en su nacimiento o su puesta- hasta quedarnos extasiados con su luz podríamos lograr algo muy curativo y gratuito. Si nos permitiésemos caer presos de su influjo, si dejáramos que nos arrebate, si tan solo le diéramos permiso para que nos haga partícipes de alguna experiencia cumbre sería todo mucho más fácil.

Al darnos baños de sol, entre las diez de la mañana y las cinco de la tarde, vamos a recibir una fuerte dosis de vitamina D que contribuirá a fijar el calcio en nuestro organismo y estimulará nuestro apetito.

La Dra. Rosa Giove nos enseña que en la selva peruana así como en el Amazonas, viven algunas tribus aborígenes que realizan ceremonias particulares con el nacimiento del sol. Sus chamanes entonan cánticos melodiosos a los que se conoce como ícaros, y que tienen atributos especiales.

Cada chamán tiene su propio ícaro, que viene siendo transmitido por el folclore verbal desde que el mundo es mundo, y es su arma curadora, la representación de toda su sabiduría y el vehículo personal del curandero.

Estos cantos ancestrales cumplen una función muy similar a la de los mandalas orientales, porque trabajan sobre ciertos centros energéticos a través de vibraciones y ayudan a restablecer el cuerpo físico.

Las voces entonadas en medio de la selva justo a la hora en que está saliendo el sol producen un arrebato en quienes las oyen que no puede expresarse fácilmente con palabras. Y es que el sol, ha sido mudo testigo de tantas técnicas sanadoras que debe saber hacer muy bien su trabajo.

La metafísica, por su parte, nos enseña que el ángel de la luz solar es tan sagrado que oficia de guardián entre la tierra y el cielo. Ya Jesús decía...

Pues en verdad os digo es sagrado el Ángel de la Luz del Sol y nadie a quien no deje pasar el Ángel de la Luz del Sol podrá acudir ante la faz de Dios.

Evangelio de la Paz, de los Rollos del Mar Muerto.

Algo debe tener este astro.

Los estados melancólicos y los tediosos cambios de humor que solemos sufrir cuando tenemos una herida afectiva pueden ser más rápidamente aliviados si tomamos baños solares. Pero claro, tenemos que hacerlo en las horas indicadas y sin que sean demasiado largas las exposiciones.

2) El segundo remedio para el alma está muy difundido en los últimos tiempos gracias a las corrientes filosóficas orientales que están llegando a América. Es una técnica tan vieja como el mundo, pero que sigue vigente por alguna razón, y es sin dudas su eficacia.

La meditación. En internet encontramos una definición que la presenta como

Un estado de intensa relajación o concentración. En dicho estado el cuerpo está en reposo y la mente aleja pensamientos superficiales. Es una técnica de introspección mental que se practica con el fin de minimizar la interferencia de los sentidos y el funcionamiento mental en la percepción. La mayoría de las religiones tienen procesos semejantes, sin embargo, la meditación por sí misma no es una actividad religiosa o espiritual.

(https://caminosaludable.wordpress.com/meditacion/)

Y aquí nos detenemos. Meditar es concentrar la mente en algo, en cualquier cosa que sea. Desde jugar un partido de ajedrez, hacer deportes, leer el diario o conversar con un amigo por teléfono. Si mientras desarrollamos alguna de esas tareas estamos muy conectados con lo que estamos haciendo, estamos meditando.

Hay algunas técnicas para realizar esta actividad que tienen bastante difusión. Por ejemplo, la que utilizan los practicantes de yoga al repetir constantemente el sonido onomatopéyico OHM como si fuera un mantra. Otras aluden a la constante petición de súplica hecha en voz alta, con párrafos de las Sagradas Escrituras. Pero con o sin contenidos religiosos o filosóficos, meditar es aquietar la mente, el cuerpo y el alma. Tratando de ser UNO con el universo en comunicación directa, sin intermediarios.

Investigadores de la Universidad de Wisconsin aseguran que la meditación produce más anticuerpos que los que se consiguen con la vacuna de la gripe, y activa zonas cerebrales relacionadas con las emociones positivas, como veremos más adelante.

Enriqueta Guiloni, directora de los Centros de Retiro Keajraland de Sierra Nevada, Granada, recomienda comenzar con una buena respiración, *así empezamos a habituarnos que nuestro cerebro se centre sólo en ella, el pensamiento se calma y la persona se relaja, se nota en su habla, en su comportamiento e incluso en su trabajo.*

Pero no solamente se trata de respirar bien, luego viene lo más interesante, cuando le agregamos técnicas de imaginación creativa como las que usa la psicología transpersonal. Un ejercicio muy común para lograrlo, y que además se vincula con la cromoterapia, consiste en preguntarle a nuestro Yo Superior qué color necesitamos para sanar nuestras emociones en ese momento. Oír la voz interna sin juzgar, y comenzar a cubrirnos con ese color desde la cabeza hasta los pies mientras dura el movimiento respiratorio, que debe ser pausado.

Luego, al exhalar el aire por la boca, visualizamos el recorrido que hace hasta formar parte del cosmos, pero observamos que se lleva miles de puntitos oscuros: nuestras imperfecciones. El universo las devolverá purificadas y transformadas nuevamente en luz. Porque así funcionan las cosas en el más allá, restableciendo la armonía interna que perdemos con nuestro loco trajinar.

Este proceso está explicado por la ciencia. El Dr. Richard J. Davidson y sus colaboradores de Wisconsin lo demostraron en una investigación que fue publicada en la revista "Psychosomatic Medicine" en base a un experimento del que participaron catorce empleados de una compañía de biotecnología quienes, durante una semana recibieron clases de meditación. El resto de sus compañeros se abstuvo. Luego, a los primeros se les repartió una cinta grabada con la técnica para que siguieran practicando en sus hogares durante una hora diaria.

Los científicos se dedicaron a medir los impulsos eléctricos del área izquierda y frontal del cerebro, (que siempre está activa cuando estamos felices o con poca ansiedad) llegando a una conclusión después de ocho semanas: los empleados que habían practicado la técnica tenían más actividad eléctrica en esas áreas y generaban más anticuerpos.

Lo interesante es que no necesitamos estar demasiadas horas meditando, lo que debemos tener es constancia. Si lo hacemos durante diez minutos diarios, diez semanas serán suficientes para adquirir mayor control de nuestras emociones y reducir al extremo la insatisfacción.

Cada vez que estemos tristones, podemos ponernos a meditar. Y a visualizar (o sea *imaginar*) las cosas positivas que queremos que nos sucedan en la vida.

3) Un tercer analgésico espiritual bien podría ser utilizar la respiración holotrópica. ¿Pero qué es esto que últimamente está tan de moda y no todos entendemos bien?

Según Gunnel Minett en su libro "Respiración y espíritu" la palabra holotrópico no es nueva, deriva del griego antiguo y significa *moverse hacia lo íntegro.* Y Kylea Taylor nos convence de que esto es posible cuando dice que

Las plantas se mueven en dirección del sol con un movimiento heliotrópico, de la misma manera, nuestro organismo es capaz de entrar en un estado de conciencia que le permite moverse en dirección a su integración, volverse un todo completo y sanar sus propios aspectos heridos o fragmentados.

Respiración Holotrópica, Kylea Taylor.

Pero sin lugar a dudas, cuando hablamos de respiración holotrópica a quienes tenemos que mencionar es al Dr. Stanislav Grof y a su esposa Cristina. Ellos, a mediados de la década del setenta desarrollaron este camino tomando como base las últimas investigaciones realizadas sobre la conciencia, a las que encontraron muy compatibles con las creencias de algunos sistemas espirituales antiguos.

En los estados holotrópicos podemos trascender los estrechos límites del ego corporal y aspirar a nuestra identidad plena. Nos sentimos tranquilos porque crea un marco seguro que nos permite volver a conectarnos con nosotros mismos en el momento en que lo decidamos, de la misma manera en que podemos integrarnos con los demás, con las plantas, los animales, el universo.

El futuro de la Psicología, Stanislav Grof.

Los objetivos que nos planteamos al practicarla son tres: obtener plenitud, sanación y sabiduría. Lógicamente que van a surgir muchas experiencias, y de distinta índole, pero ellas no tienen que desviarnos del trabajo.

Cuando el cuerpo y la mente entran en un estado holotrópico a través del control de la respiración, la sabiduría interior aprovecha la oportunidad para avanzar en dirección a la sanación física, mental, emocional y espiritual, y también para realizar un cambio evolutivo. La Respiración Holotrópica opera según el siguiente principio: somos nuestros mejores sanadores.

El futuro de la Psicología, Stanislav Grof.

Mientras la practicamos es posible que tengamos imágenes visuales llenas de emociones, que se produzcan experiencias cumbre o experiencias cercanas a la muerte, que por momentos digamos ¡eureka! y aclaremos situaciones conflictivas que nos acosan.

Pero Kylea Taylor lo explica tan bien que sigamos leyéndola:

Antes de realizar el primero de los ejercicios respiratorios, los principiantes reciben una profunda preparación teórica que incluye la descripción de los fenómenos principales (biográficos, perinatales y transpersonales) que se producen durante una sesión holotrópica. También reciben instrucciones técnicas para que puedan trabajar de a dos para alternativamente respirar o acompañar a la persona que está respirando. Se comentan las posibles contraindicaciones físicas o emocionales y, cuando existe algún temor, se solicita la opinión de algún experto. Por ejemplo, las personas que manifiestan dificultades referidas a la función cardiovascular y las personas a quienes se les haya diagnosticado glaucoma no pueden realizarla.

La experiencia es, en gran medida interior y mayormente no verbal; no se realizan intervenciones. Los facilitadores conducen una relajación guiada para ayudar a que la persona relaje su cuerpo y lo prepare para la sesión. Al final de la relajación, les sugieren que comiencen a respirar más rápida y profundamente que de costumbre, aunque también se la estimula para que encuentre su propio ritmo. Y así, después que la sesión ha comenzado, la persona no recibe ninguna indicación de respirar de alguna forma en particular. A medida que la respiración se vuelve más profunda, los facilitadores le hacen escuchar alguna música, que tanto puede ser sugestiva como rítmica.

A medida que avanza las personas entran en estados de conciencia no habituales, llamados estados holotrópicos. Lo que se puede observar desde afuera es que éstos varían según la persona o el momento. Hay quienes se quedan muy quietos, como si se encontraran en una profunda meditación. Otras personas comienzan a balancearse o hacen diferentes movimientos rítmicos. Algunos gritan, gimen, lloran o expresan ira. A veces, la persona que respira pide ayuda para expresar sentimientos o sensaciones, pero es más frecuente que encuentre recursos internos para permitirse la experiencia que surge, o para brindarse a sí misma la protección y la comprensión que necesita. Las experiencias pueden ser diferentes entre un individuo y otro, y entre una sesión y otra. Con frecuencia, el mismo individuo vive diferentes experiencias en cada una de las sesiones.

Las sesiones de Respiración Holotrópica duran de dos a tres horas, y con frecuencia se prolongan. Por lo común, la música continúa durante un tiempo más. Al final de la sesión, cuando la respiración no alcanzó a resolver todas las tensiones físicas y emocionales que se activaron, los facilitadores ofrecen un trabajo focalizado para desbloquear la energía. El principio básico de este trabajo consiste en que, a partir de las claves que ofrece la persona que respira, el facilitador crea una situación en la que se amplifican los síntomas presentes durante la sesión. La energía y la conciencia se mantienen en esta área, y mientras tanto el facilitador alienta a la persona para que exprese plenamente su reacción, y para que no se preocupe por la forma en que la reacción se manifiesta. Este trabajo de concentración para desbloquear la energía es una parte esencial del abordaje holotrópico y tiene un rol importante para que la experiencia se complete y quede integrada.

El aspecto experimental del entrenamiento como facilitador crea una profunda confianza en la propia sabiduría interior. Quienes pasan por el entrenamiento profesional, se embarcan en diversos viajes interiores y de este modo adquieren la convicción de que verdaderamente pueden confiar en la guía interior y en el proceso de quienes practican la respiración holotrópica. Esta confianza les permite transmitir la fe intrínseca en el proceso a los participantes que se sientan atemorizados en alguna de las etapas del viaje interior.

Respiración Holotrópica, Kylea Taylor.

Claro que no podemos realizar este trabajo nosotros solos, precisamos encontrar profesionales adecuados que nos ayuden. Por fortuna, el crecimiento de la psicología transpersonal hace que cada vez sea más fácil hallar un buen facilitador de cambios.

Pero si aún no nos decidimos a aventurarnos en ese camino, y sentimos que lo que realmente nos hace falta es la contención espiritual de amigos bastante experimentados en el arte de ayudar a sus semejantes, podemos comenzar armando un nuevo proyecto de vida.

4) Sandalia Amadeo y Videla, además de ser consultora psicológica y profesora en Ciencias Sagradas, es una escritora de pluma ágil y muy carismática. Se dedica a coordinar la tarea de un equipo de profesionales que intenta ayudar a personas desesperadas desde internet.

Ella impulsa fundamentalmente la terapia espiritual ya que, a diferencia de la terapia psicológica tradicional –léase freudiana- detesta los rótulos de los que son víctima los consultantes, la rigidez de los diagnósticos inflexibles, la adaptación que realiza de solemnes casos de libros "y la soberbia de los que creen que saben psicología".

Ha escrito un libro muy didáctico que se distribuye on line de manera gratuita, "Ayuda espiritual a desesperados" y dicta cursos de Primeros Auxilios Espirituales y Consultoría Psicológica con Orientación Espiritual, y a través de ellos hace hincapié en lo positivo que es ver una crisis como una oportunidad.

Su propuesta es clara y concisa: cada vez que se nos desmorona el mundo, en lugar de mirar hacia adentro tratando de encontrar un culpable, ¿por qué no observamos a nuestro alrededor y nos daremos cuenta que hay muchas otras personas que también la pasan mal?

¿Por qué no nos descentramos del propio dolor? ¿Por qué no dejamos por un momento el egoísmo y ayudamos a los demás a salir de sus dificultades?

A Sandalia le preocupan los suicidas, asegura que hay muchas clases de ellos. Nos recuerda que, técnicamente, un suicida es una persona que intenta quitarse la vida.

Pero existen otros modos de suicidarse, más pasivos, más sutiles, pero que son igualmente maneras de atentar contra la propia vida. Hay quienes no lo dicen claramente pero en su desesperación subyace la idea de no vivir más.

Ayuda espiritual a desesperados, Sandalia Amadeo y Videla.

Cuando pasamos por la crítica situación de una pérdida afectiva siempre va a invadirnos la angustia existencial, porque por culpa de ésta perdemos el sentido y no sabemos para qué estamos en donde estamos. A ello nos conducen los desvalores, la educación y el egoísmo (o lo que es lo mismo, *la falta de un proyecto solidario*).

Entonces, ¿qué es encontrar el sentido de la vida? Sería algo muy similar a descubrir la verdadera vocación, la misión especial que tenemos asignada en la Tierra. Y al descubrirla es cuando van a aparecer nuestros propios recursos.

Estoy convencido de que ellos pueden salvarnos. La fe es uno de ellos. En mis propias crisis, como en las que me tocó ayudar a otras personas lo he comprobado. ¿Cómo lo hice? Solamente me he puesto a pensar que algunas veces ya había pasado por situaciones parecidas y que había utilizado algunas técnicas valiosas que lograron recuperarme. ¿Por qué no usarlas nuevamente? A veces hasta como un desafío. Para ver si realmente eran tan sólidas como creía.

Por eso recuperar el manejo de nuestra vida es crucial. Me parece importante recordar quiénes éramos y en qué creíamos antes de caer en el pozo.

Las tres preguntas clave de esta consultora:

- *¿para qué me sirve?*
- *¿para qué me sucede?*
- *¿para qué lo hago?*

Son realmente instructoras. Nos ayudan a encender una vela allí donde está muy oscura la noche. Porque encontrarle una utilidad al sufrimiento nos ayudará a relacionarnos mejor con nuestro ego, ese pícaro diablito al que referimos varias veces en este libro, el que grita en nuestros oídos con voz fuerte y nos describe constantemente. El que nos dice *idiotas, inservibles, no pudieron lograr la felicidad, etc.* El señor ego, que no nos deja ver que incluso dentro del dolor podemos encontrar algo positivo.

¿Para qué me sucede esta desgracia? El valor terapéutico de responder este interrogante es inmenso. Nos aleja del miserable *por qué* que en lugar de aligerarnos la mochila nos la llena de pesares. No se trata en este momento de encontrar las razones filosóficas por las que nos hemos desbarrancado, sino salir de la situación. Y podemos darnos cuenta que al formularnos esta pregunta, quizá encontremos un modo de evitar que a otras personas les pase lo mismo. O nos veamos embarcados en una tarea solidaria de ayuda a los demás.

Esto puede conducirnos al *¿para qué lo hago?*, y allí podría estar la clave del sentido de nuestra vida. Seguro que sí: *para esto estoy en el mundo, ésta es mi misión*, que incluso puede llevarse bien con nuestra vida profesional.

Porque puedo ser inmensamente feliz y al mismo tiempo ganarme la vida haciendo lo que hago, como también puedo dedicarme laboralmente a otra cosa pero no privarme de hacer aquellas que me gustan. Porque en ellas está la clave. Mi misión en este planeta es ser feliz. Y si el dolor me sirvió para darme cuenta de ello, ¡bendito sea! Habrá sido el camino por el que logré el insight.

Y con nuestra vocación al descubierto recién estamos en condiciones de armar un proyecto solidario. Sería bueno que tengamos siempre a mano estas ideas de Sandalia, porque pueden llegar a servirnos en alguna otra ocasión. Tanto para nosotros mismos como para ayudar a nuestros semejantes. Nadie puede saber a ciencia cierta si por alguna razón no volverá a perder el norte otra vez. Estos pasos cumplen en nuestra vida la función de una brújula.

- *Trabajar para insertarnos en la sociedad*
- *Ello nos dará un lugar en la humanidad*
- *Y encontraremos a quien servir*

Cuando estemos desprendidos de la idea *servil* que le ha dado mala reputación al verbo *servir* nos daremos cuenta que no importa a quien lo hagamos; tanto podemos servir a un vecino, un amigo, una persona desconocida o un grupo de personas. Tal vez podemos escribir un libro como éste para dar pautas valiosas que lleguen a muchos más. Lo realmente valioso es nuestra actitud, porque así haremos que la vida (la nuestra y la ajena) siga teniendo sentido. Y no hay mayor felicidad que ésa.

Final

¿Será que sirvió de algo?

Paso a paso llegamos al final del recorrido. Me había propuesto acompañarte en todo este tiempo con algunas ideas, sugerencias, datos de interés. Pero por sobretodo me planteé hacerte entender que no eres el único al que le sucedió algo tan difícil. Que muchos otros ya pasaron o pasarán algún día por lo mismo.

Quise encontrar en ti un ladrillo más para mi obra. Alguien que sumado a los muchos otros que ya encontré en el camino, se anime a ayudarme a levantar las paredes de la tan mentada Escuela de la Felicidad.

Estoy seguro que sabes cuál fue el motivo por el que te encontraste una vez más desmoronado, pero también estoy seguro que te contagié mi manía de no preguntar *por qué* y ver qué puedes hacer con ello.

Hazme caso, amigo, dale un sentido a tu sufrimiento. Transfórmalo en algo que te sirva. No le permitas que te destruya. Ya viste que no tiene más fuerza que la que tú mismo le das. Muchos lo logramos, *¿por qué no intentas?*

Y, ya que nombro a algunos otros, te estarás preguntando qué pasó con Tomás, ¿no es cierto? Anteayer lo vi en el shopping, iba muy apurado. Quería comprar un regalito que acompañe una tarjeta muy romántica que él mismo diseñó. Ha vuelto a enamorarse.

¡Qué alegría sentí al verlo! Parecía otra persona. Lejos quedó aquel tiempo donde no podía manejar sus emociones e intentó lo peor. Encontró sus propios recursos... Y va a dedicarse de pleno al arte. Un profesor de teatro le sugirió que lo suyo es escribir guiones para que otros interpreten. Y está feliz con esa indicación.

Le comenté que estaba trabajando en un nuevo libro y le pedí permiso para contar su historia. Le aseguré que no iba a mencionar su apellido para cuidar su intimidad. Me dio un abrazo emocionado, y esa misma noche, al abrir mi casilla de correo, encontré este bonito poema de su autoría y me dieron ganas de compartirlo, creo que este libro no podría tener mejor final. Es una sabia demostración de que ha superado definitivamente la crisis encontrando en el arte un camino espiritual porque, como dice Martín Churba *para crear hay que estar en contacto con la luz.*

Como el comienzo de un sueño,
viví una tras otra
cada etapa...
Y me descubrí en la adolescencia,
tal vez no lo veas como algo muy grande,
pero es así como comenzaste tus sueños,
yo también.

El inicio de un sueño
es como la entrada al paraíso,
belleza sin fin,
que nos inunda en tanto que nos ciega.
La belleza nos abre hacia un montón de esperanzas,
sueños y alegorías
que nos suelen nublar la mirada,
porque esa felicidad la creemos eterna.
Hasta que los sentimientos
nos provocan una tristeza que parece interminable,
tan interminable como nos parecía la belleza del inicio del sueño.

Así nos detenemos a mitad del camino,
sobre una piedra oscura y tan pesada
que nos aleja del éxtasis en el cual empezó todo.

Entonces pensamos, ¿será esto para siempre?
Créeme, lo vivirás así... pero solo por un tiempo.
Ante estos sentimientos sofocantes,
nada más podrás hacer que sonreír.

La tristeza que vivimos no es eterna,
es muy simple y dura un corto tiempo.
Al ponernos de pie, en la realidad,

seguros de nuestra propia vida,
sólo así podremos comenzar
a vivir un gran sueño,
un sueño más real,
un gran sueño llamado realidad.

Así ve ahora la vida Tomás. Nos enseña desde la candidez de sus versos, que el amor es posible pese a la tormenta. Que *la tristeza que vivimos no es eterna*, que vale la pena volver a apostar.

EL AUTOR

Giuseppe Badaracco es un científico social argentino, licenciado por la Universidad Nacional de Quilmes, con formación de base en Psicología Social, disciplina en la que se reconoce discípulo de Gladys Adamson y Hugo Basile, de quienes recibió un sólido entrenamiento en el modelo pichoniano. Tiene estudios de especialización en violencia de género, prostitución y trata de personas (Universidad Católica de Córdoba), diseño, gestión y evaluación de proyectos e-learning y formación virtual (Universidad Nacional de San Martín), prevención y rehabilitación de adicciones (Ministerio de Salud de la Provincia de Corrientes) y prevención en salud mental (Centro Psicosocial Argentino).

Defensor del modelo psicológico transpersonal, se formó en la Escuela Argentina de Psicología Humanística con el programa que capacitó a los primeros terapeutas y facilitadores de cambio del país y en la Escuela Sudamericana de Psicología Transpersonal-Integral con el modelo de interacciones primordiales y danza primal propuestos por Daniel Taroppio. En abril del año 2006 aprobó con calificación "Excelente" el programa de actualización en esta corriente terapéutica dictado por Deon: Instituto de Ciencias Superiores de Buenos Aires, con el aval de The Yorker International University (USA).

Obtuvo el *Professional Excellence Award 2006*, galardón otorgado por The Jung International Institute of Psychotherapy de los Estados Unidos al mejor terapeuta transpersonal del año y el premio *Interterapias 2008* del Centro de Psicoterapia para Graduados de México por la edición de este libro, reconocimientos que además se suman a la Directoría de Curso del Florida Institute of University Studies de Miami que tuvo a su cargo durante varios años. Desde entonces ha realizado talleres vivenciales a lo largo de varios países de América y disertado en diferentes escenarios. Su palabra es requerida toda vez que es necesario arrojar luz sobre un fenómeno psicológico de orden social, humanístico o transpersonal.

Giuseppe Badaracco

Fue columnista del programa radial "Aquí Contigo" que conducía la periodista Evelyn Conte por la AM 1190 IIQ y por la AM 1340 WPBR de West Palm Beach (Florida, USA) y colaboró con varios medios de la prensa escrita norteamericana.

Es miembro activo de APSRA (Asociación de Psicólogos Sociales de la República Argentina), del Colegio de Operadores en Psicología Social de la Provincia de Corrientes, de la Primera Escuela Argentina de Psicología Humanista, del Colegio de Profesionales en Psicología Transpersonal de la República Argentina, de la Sociedad Argentina de Escritores y Asociado de Mérito de la Sociedad Cultural Yoruba de Cuba.

Fundador y director del Instituto Badaracco, a sus constantes viajes por el interior y exterior le ha sumado su actividad como docente. Y continúa estudiando... y continúa escribiendo...

Contenido

Contactos con el autor:
0055 – 379 – 456 - 5226
giuseppebadaracco@gmail.com
www.giuseppebadaracco.com

Instituto Badaracco
www.nuevapsicologia.com.ar

El primer ejemplar de esta obra se terminó de imprimir
en el mes de Agosto de 2015.

Hoy llega a sus manos mediante el sistema
de impresión por demanda
que facilita enormemente las cosas para autores, editores,
distribuidores y lectores.

Lo invitamos a recorrer nuestra librería digital
y elegir otro de los títulos publicados por Giuseppe Badaracco
con el apoyo de quienes consideran
que el libro es cultura
y apoyan la filosofía autogestiva.

Muchas gracias por su elección.

www.ingramcontent.com/pod-product-compliance
Lightning Source LLC
Chambersburg PA
CBHW072153270326
41930CB00011B/2407